INITIALEN 23

Magdalena Schlosser
wurde 1993 in Neustadt an der
Weinstraße geboren und studierte an
der Johannes Gutenberg-Universität
Mainz die Fächer Buchwissenschaft und
Geschichte. Praktische Erfahrungen
sammelte sie u.a. im Bistumsarchiv
Speyer. Privat engagiert sie sich als
Gruppenleiterin im katholischen Kinder-
und Jugendverband.
Seit 2015 absolviert sie in Mainz den
Masterstudiengang Buchwissenschaft.

Magdalena Schlosser

Leichenpredigten des Barock als Forschungsgegenstand

© 2016 Mainzer Institut für Buchwissenschaft

Gesetzt aus Minion Pro und Myriad Pro
in der Lehrdruckerei des Instituts für Buchwissenschaft
von Katja Spang und Anne-Maria Melcher

Lektorat Marie von Vangerow

Marketing/PR Sheila Mbala-Makumaya

Print ISBN 978-3-945883-27-3
EPUB ISBN 978-3-945883-28-0
PDF ISBN 978-3-945883-29-7

INHALT

1 EINLEITUNG

Für den lutherischen Theologen Philipp Jakob Spener (1635–1705) gehörte die Predigt zu seinen wichtigsten Aufgabengebieten. Dazu zählte er auch die Leichenpredigt, was an seinen dreizehn Sammelbänden deutlich wird, die insgesamt 175 Leichenpredigten beinhalten.[1] Trotz dieser zahlreichen Druckerzeugnisse wird Spener gleichzeitig zu den bekanntesten Kritikern der im Barock existierenden Leichenpredigt gerechnet: »Zwar bekenne ich gern / daß der mißbrauch der Leich=predigten sehr groß ist / wie sie ins gemein ohn unterscheid würdig= und unwürdigen allein standes=halben gehalten werden«.[2] Die vorliegende Arbeit befasst sich mit dem Stellenwert, den Spener der Leichenpredigt zukommen ließ und der Kritik, die er an dieser Quellengattung übte. Im Hinblick darauf soll untersucht werden, inwiefern er diese in seinen eigenen Leichenpredigten umsetzte.

Schon im 18. Jahrhundert wurde das Potential der Leichenpredigt als Quelle genealogischer Informationen erkannt, fand aber aufgrund des mangelnden gesellschaftlichen Interesses keinen Zuspruch und wurde deshalb nicht weiterverfolgt. Erst nach Beendigung des Ersten Weltkrieges erlangte die Leichenpredigt durch die Publikation einer Übersicht der bestehenden Sammlungen wieder an Bedeutung. Während der Herrschaft der Nationalsozialisten konnte sie diesen Stellenwert als wichtige familiengeschichtliche Quelle weiter steigern und auch nach dem Zweiten Weltkrieg behielt sie ihre

---

1   Vgl. Schicketanz, Peter: Der Pietismus von 1675 bis 1800 (Kirchengeschichte in Einzeldarstellungen). Leipzig: Evangelische Verlags-Anstalt 2001, S. 50–53.
2   Spener, Philipp Jakob: Zuschrifft. In: Zwölff Christliche Leichpredigten. Zu unterschiedlichen Zeiten gehalten und auff begehren vormahls eintzel, jetzo zusammen zum Truck gegeben. Frankfurt a. M.: Zunner 1677, S. 1–19, hier S. 11f. http://diglib.hab.de/drucke/th-1743-2s/start.htm [18.06.2015].

Relevanz in Bezug auf genealogische Erkenntnisse bei. Trotzdem wurde die Leichenpredigt von den führenden Wissenschaftlern immer noch weitgehend ignoriert. Dies begann sich erst zu ändern, nachdem Fritz Roth 1959 den ersten seiner insgesamt zehn Bände umfassenden Publikation veröffentlicht hatte, in der er im Laufe der Jahre 10.000 Leichenpredigten im Hinblick auf genealogische Gesichtspunkte untersuchte.[3]

Das sich steigernde Interesse am Forschungsgegenstand Leichenpredigt führte 1971 zur Schaffung eines Arbeitsplatzes an der Universität Marburg, dessen Tätigkeit die Bestandsaufnahme von Leichenpredigten beinhaltete. 1974 folgte die Veranstaltung des ersten »Marburger Personalschriftensymposiums«, auf dem sich Spezialisten verschiedener Disziplinen über ihren wissenschaftlichen Umgang mit den Leichenpredigten austauschten.[4] Die im Folgejahr erschienene gedruckte Zusammenfassung der Ergebnisse führte aufgrund der großen Resonanz 1976 zur Gründung der »Forschungsstelle für Personalschriften« in Marburg, deren Tätigkeit darin bestehen sollte, den Bestand der Leichenpredigten zu erfassen und einzuordnen.[5]

Dies geschah erstmals 1980 durch den »Katalog der Leichenpredigten und sonstigen Trauerschriften in der Universitätsbibliothek Marburg«. In den Jahren 1977 und 1983 fanden weitere Symposien statt, die zusätzliche Forschungsbereiche für die Leichenpredigt erschlossen. Das dritte Symposium war dabei so vielversprechend, dass die »Akademie der Wissenschaften und der Literatur« in Mainz sich zur Eingliederung der Forschungsstelle in ihre Reihen entschloss. Damit veränderten sich auch die Prioritäten. Die Sicherheitsverfilmung der Leichenpredigten gewann an Bedeutung. Man verständigte sich außerdem darauf, sich den Beständen der einzelnen Bundesländer nacheinander zu widmen.[6]

Die dabei an den Anfang gestellte Bestandsaufnahme der Leichenpredigten in Hessen und Schlesien dauerte bis 2005 an, seitdem wird an der Katalogisierung in Thüringen gearbeitet. Daneben pflegt die Forschungsstelle

<hr>

3   Vgl. Lenz, Rudolf: De mortuis nil nisi bene? Leichenpredigten als multidisziplinäre Quelle unter besonderer Berücksichtigung der historischen Familienforschung, der Bildungsgeschichte und der Literaturgeschichte (Marburger Personalschriften-Forschungen 10). Habil. Sigmaringen: Thorbecke 1990, S. 22–26.

4   Vgl. Bredhorn, Uwe/Dickhaut, Eva-Maria/Lenz, Rudolf: Leichenpredigten-Forschung. Ergebnisse und Perspektiven. In: Leichenpredigten als Quelle historischer Wissenschaften Bd. 4. Hrsg. v. Rudolf Lenz. Köln [u.a.]: Böhlau 2004, S. 525–625, hier S. 528.

5   Vgl. Forschungsstelle für Personalschriften. Akademie der Wissenschaften und der Literatur Mainz. Website. http://www.personalschriften.de/startseite.html [18.06.2015].

6   Vgl. Lenz: De mortuis nil nisi bene, S. 26–31.

zahlreiche online verfügbare Datenbanken wie den »Gesamtkatalog deutschsprachiger Leichenpredigten«, den »Titelblattkatalog der Leichenpredigten in der Universitätsbibliothek Breslau« oder eine »Fortlaufend aktualisierte Bibliographie zu Leichenpredigten«, die es ermöglicht, sich über den aktuellen Forschungsstand zu informieren. Von 1991 bis 2010 existierte außerdem eine weitere »Forschungsstelle für Personalschriften« an der Technischen Universität in Dresden. Hier wurden bis 2010 die Leichenpredigten des Bundeslandes Sachsen katalogisiert. Des Weiteren wird daran gearbeitet, sich einen Überblick über die in den neuen Bundesländern vorhandenen Bestände zu verschaffen. Seit 2009 ist man mit der Digitalisierung der verfilmten Leichenpredigten beschäftigt. Diese werden dabei auf verschiedene Aspekte hin untersucht, um Einblick in das Leben und den Alltag in der Frühen Neuzeit zu erhalten.[7]

Nachdem Anfang der 1960er Jahre vereinzelt damit begonnen wurde, zieht man die Leichenpredigt heute unter anderem auch zur Ergründung der Gesellschafts-, Kirchen-, Medizin-, Musik-, Literatur- und Wirtschaftsgeschichte heran.[8] Die Publikationen der »Forschungsstelle für Personalschriften« tragen dabei erheblich zum wachsenden Bekanntheitsgrad der Leichenpredigt als Forschungsobjekt bei. Bereits 1975 erschien der erste Teil der Reihe »Leichenpredigten als Quelle historischer Wissenschaften«, der die Diskussionsbeiträge des ersten Symposiums enthält. Entsprechend der fünf in den Jahren 1974, 1977, 1983, 2002 und 2012 stattgefundenen Kolloquien existieren bisher fünf Bände. Eine weitere Veröffentlichung ist die 1978 begonnene Schriftenreihe »Marburger Personalschriften-Forschungen«, die momentan aus 55 Teilen besteht.[9]

Die Ursache für die jahrhundertelange Missachtung dieser Quelle von Seiten der Wissenschaft lässt sich durch die schon bei Zeitgenossen aufkommende Deutung der Leichenpredigt als »Lügenpredigt« erklären. Auch heute noch ist diese Ansicht weit verbreitet, wobei oft außer Acht gelassen wird, dass die Leichenpredigt wie jede Quelle aus einer kritischen Perspektive heraus betrachtet werden muss.[10]

Die Bedeutung der Quellengattung Leichenpredigt ist in den letzten Jahrzehnten dank der »Forschungsstelle für Personalschriften«[11] und der

---

7   Vgl. Forschungsstelle für Personalschriften.
8   Vgl. Bredhorn: Leichenpredigten-Forschung. Ergebnisse und Perspektiven, S. 529f.
9   Vgl. Forschungsstelle für Personalschriften.
10 Vgl. Lenz: De mortuis nil nisi bene, S. 162.
11 Vgl. Forschungsstelle für Personalschriften.

zahlreichen von Rudolf Lenz veröffentlichten Werke stark angestiegen. Als Grundlage der Information über den Forschungsgegenstand Leichenpredigt und seine Entwicklung im Laufe der Jahrhunderte dient Lenz' Monographie über die vielfältigen Einsatzmöglichkeiten der Leichenpredigt in der Wissenschaft[12] ebenso wie sein geschichtlicher Abriss[13] und seine Ausführungen in Bezug auf die Quellengattung in der Stadt Frankfurt.[14] Die Biographie Speners, einer der bedeutendsten protestantischen Theologen, ist weitgehend aufgearbeitet. Wesentliche Veröffentlichungen, die über das Leben Speners, seinen beruflichen Werdegang – vor allem in Frankfurt – und seine Hinwendung zum Pietismus berichten, sind Brechts Geschichtswerk über den Pietismus,[15] der Beitrag Wallmanns in der NDB[16] und besonders sein vor zehn Jahren erschienener Druck über die pietistische Bewegung.[17] Um die Entwicklung des Pietismus und Speners angestrebte Reformen nachzuvollziehen, ist die Heranziehung seiner immer wieder neu aufgelegten Reformschrift unerlässlich.[18]

Schneiders Abhandlung über die pietistische Leichenpredigt[19] und Winklers Werk über die für die Grabrede bedeutenden Personen[20] sind besonders hilfreich im Hinblick auf Speners Kritik an der Leichenpredigt und deren Umsetzung in seinen eigenen Drucklegungen. Auch die von Lenz veröffentlichten Publikationen sind in diesem Bereich abermals von Bedeutung. Bahnbrechend, um das von Spener geäußerte Missfallen an der Leichenpre-

---

12 Lenz: De mortuis nil nisi bene.

13 Lenz, Rudolf: Gedruckte Leichenpredigten (1550–1750). In: Leichenpredigten als Quelle historischer Wissenschaften Bd. 1. Hrsg. v. Rudolf Lenz. Köln [u.a.]: Böhlau 1975, S. 36–51.

14 Lenz, Rudolf: Gedruckte Leichenpredigten – Quellen zur Frankfurter Stadt- und Kulturgeschichte. In: Archiv für Frankfurts Geschichte und Kunst 56. Hrsg. v. Gesellschaft für Frankfurter Geschichte. Frankfurt a. M.: Frankfurter Societäts-Medien 1978, S. 7–28.

15 Brecht, Martin: Philipp Jakob Spener, sein Programm und dessen Auswirkungen. In: Geschichte des Pietismus. Der Pietismus vom siebzehnten bis zum frühen achtzehnten Jahrhundert Bd. 1 (Pietismus und Neuzeit 12). Hrsg. v. Martin Brecht. Göttingen: Vandenhoeck & Ruprecht 1993, S. 279–389.

16 Wallmann, Johannes: Philipp Jakob Spener. In: Neue Deutsche Biographie Bd. 24. Hrsg. v. der Historischen Kommission bei der Bayerischen Akademie der Wissenschaften. Berlin: Duncker & Humblot 2010, S. 659–661.

17 Wallmann, Johannes: Der Pietismus. Göttingen: Vandenhoeck & Ruprecht 2005.

18 Spener, Philipp Jakob: Pia Desideria oder Hertzliches Verlangen nach gottgefälliger Besserung der wahren Evangelischen Kirchen sampt einigen dahin einfältig abzweckenden Christlichen Vorschlagen (Kleine Texte für Vorlesungen und Übungen 170). Dritte durchgesehene Aufl. Hrsg. v. Kurt Aland. Berlin: de Gruyter 1964.

19 Schneider, Hans: Die pietistische Leichenpredigt. In: Leichenpredigten als Quelle historischer Wissenschaften Bd. 4. Hrsg. v. Rudolf Lenz. Köln [u.a.]: Böhlau 2004, S. 37–64.

20 Winkler, Eberhard: Die Leichenpredigt im deutschen Luthertum bis Spener (Forschungen zur Geschichte und Lehre des Protestantismus 34). Habil. München: Kaiser 1967.

digt zu untersuchen, ist jedoch dessen Vorwort in seinem ersten Sammelband von Leichenpredigten, in dem er sich sehr deutlich zu dem Für und Wider einer Leichenpredigt äußert.[21] Die Untersuchung der Umsetzung dieser Kritik in die Realität ist nur durch eine ausgewählte Leichenpredigt Speners möglich, die in diesem Fall aus dessen ersten Sammelband stammt.[22]

Um den Stellenwert der Leichenpredigt für Spener zu beleuchten und seine Kritikpunkte herauszuarbeiten, gilt es zunächst den Charakter der Leichenpredigt in den Blick zu nehmen. Besonderes Augenmerk liegt dabei auf den Bestandteilen und der Entwicklung der Predigt im Zeitalter des Barock. Nachdem der von der Erbauungsliteratur geprägte Lebensverlauf Speners – vor allem sein Wirken in der Reichsstadt Frankfurt – und seine Beziehung zum Pietismus dargestellt werden, soll diese protestantische Bewegung in Verbindung mit der Leichenpredigt gebracht werden. Die in der »Pia Desideria« enthaltenen Reformansätze sollen dabei dazu dienen, Speners Kritik an der Quellengattung darzustellen und zu verdeutlichen. Im Anschluss wird anhand der Untersuchung einer exemplarischen Leichenpredigt Speners erläutert, warum der Theologe trotz seiner negativen Äußerungen an der Leichenpredigt festhielt und wie nahe er dabei noch der ursprünglichen Intention Luthers stand. Die nachfolgende Abhandlung soll schließlich zur Erkenntnis darüber führen, warum Spener trotz aller geübten Kritik selbst Leichenpredigten verfasste und inwiefern er seine Beanstandungen und seine Reformvorschläge darin umsetzte.

---

21 Spener: Zuschrifft, S. 1–19.
22 Spener, Philipp Jacob: Die Heilsamste Artzeney In Christi Wunden. Bey Volckreicher Leich-Begängnüß Des Weyland WohlEdlen, Gestrengen, Vesten und Hochgelährten Herrn Hn. Zachariä Stenglins. Franfurt am Main: [o.A.] 1674. http://nbn-resolving.de/urn/resolver.pl?urn=urn:nbn:de:0128-5-2058 [18.06.2015].

2 FORSCHUNGSGEGENSTAND LEICHENPREDIGT

Der Brauch, nach dem Ableben eines Angehörigen eine Leichenpredigt zu halten, existierte schon zur Zeit der Griechen in der Antike. Auch im Mittelalter wurde die Tradition bewiesenermaßen fortgeführt, konnte sich im Gebiet des heutigen Deutschlands allerdings nur vereinzelt durchsetzen und erlangte dementsprechend keine große Relevanz.[23] Erst durch Martin Luther gewann die zu den Personalschriften gehörige Leichenpredigt hierzulande nach der Reformation wieder an Bedeutung. Mit seinen zwei 1525 gehaltenen – und anschließend gedruckten – Leichenpredigten auf Kurfürst Friedrich den Weisen von Sachsen gilt Luther als der Begründer der neuzeitlichen Leichenpredigt.[24] Sie diente als Ersatz für die davor üblichen Totenmessen und Leichenbegängnisse.[25] Für Luther war die Leichenpredigt eine weitere Möglichkeit das Wort Gottes zu verkünden. Wichtig waren ihm dabei vor allem der Lobpreis Gottes und der Beitrag dazu, dass die Bevölkerung sich zum Guten hinwende. Auch Tröstung und Erbauung der Hinterbliebenen waren für ihn elementar.[26]

Im Anschluss an diese erste Leichenpredigt Luthers wurden Grabreden, ausgehend von Mitteldeutschland, schnell wieder ein wesentlicher Bestandteil der Beerdigung. Vor allem in ihrem Ursprungsgebiet und den oberdeutschen Reichsstädten – beide Gebiete waren sehr stark von Luthers Anschauungen geprägt – wurde die Tradition gepflegt.[27] Aber nicht nur bei den

23 Vgl. Lenz: Gedruckte Leichenpredigten (1550–1750), S. 38f.
24 Vgl. Lenz: De mortuis nil nisi bene, S. 9 und S. 14.
25 Vgl. Bredhorn: Leichenpredigten-Forschung. Ergebnisse und Perspektiven, S. 542.
26 Vgl. Mohr, Rudolf: Das Ende der Leichenpredigten. In: Leichenpredigten als Quelle historischer Wissenschaften Bd. 3. Hrsg. v. Rudolf Lenz. Köln [u.a.]: Böhlau 1984, S. 293–330, hier S. 293f.
27 Vgl. Lenz: Gedruckte Leichenpredigten, S. 10f.

Protestanten, auch bei Zwinglianern, Calvinisten und Katholiken war dies der Fall, wenn auch in geringerem Ausmaß. Sie alle knüpften damit an die sich im 15. Jahrhundert ausbreitende ars moriendi, die Kunst des heilsamen Sterbens, an. Im Katholizismus wurden Leichenpredigten fast ausschließlich auf geistliche und adlige Oberhäupter verfasst, allerdings erließ die Kirche immer wieder Gesetze, die das Halten der Grabrede einschränkten. Dies geschah 1581 auf dem Konzil von Rouen ebenso wie 1590 auf dem Konzil von Toulouse. Des Weiteren untersagten einzelne Provinzsynoden den Gebrauch der Leichenpredigt.

Auch im Protestantismus war die Leichenpredigt hauptsächlich in der Oberschicht verbreitet. Grund dafür waren die enormen Kosten, die das Halten und der Druck einer solchen Predigt mit sich brachten. Bei den ersten Leichenpredigten, die derjenigen Luthers nachfolgten, handelte es sich mit wenigen Ausnahmen um Manuskripte. Die gedruckte Leichenpredigt konnte sich erst im letzten Drittel des 16. Jahrhunderts durchsetzen.[28] Sie wurde als integrierter Teil der Trauerzeremonie an Hinterbliebene und Freunde ausgegeben.[29] Die Anzahl der gedruckten Predigten war dabei anfangs abhängig von der der Angehörigen. Sie lag meistens zwischen 100 und 300 Stück.[30]

Die Leichenpredigt, die sich in literarischer Hinsicht der Erbauungsliteratur zuordnen lässt, konnte so dazu beitragen die protestantischen Werte und Ansichten in der Bevölkerung zu verbreiten.[31] Die in der Leichenpredigt jeweils sehr ausführlich beschriebene Todesursache, der stets die Beichte, das Abendmahl und das Lesen in der Bibel vorausgingen, gibt Aufschluss, welche Intention die protestantischen Geistlichen mit der Verbreitung der Leichenpredigt außerdem verfolgten. Sie wollten zeigen, dass der erwartete friedliche Tod kein ausschließliches Patent der katholischen Kirche war.[32]

28 Vgl. Lenz: Gedruckte Leichenpredigten (1550 – 1750), S. 37–40.
29 Vgl. Düselder, Heike: Leichenpredigt. Inhaltliche und soziale Aspekte. In: Enzyklopädie der Neuzeit Bd. 7. Hrsg. v. Friedrich Jäger. Stuttgart [u.a.]: Metzler 2008, Sp. 821–823, hier Sp. 821.
30 Vgl. Lenz: De mortuis nil nisi bene, S. 17.
31 Vgl. Winkler, Eberhard: Leichenpredigt. Theologische Aspekte. In: Enzyklopädie der Neuzeit Bd. 7. Hrsg. v. Friedrich Jäger. Stuttgart [u.a.]: Metzler 2008, Sp. 823–825, hier Sp. 823.
32 Vgl. Lenz, Rudolf: Leichenpredigt. In: Handwörterbuch zur deutschen Rechtsgeschichte Bd. 2. Hrsg. v. Adalbert Erler. Berlin: Schmidt 1978, Sp. 1814–1818, hier Sp. 1815.

2.1 Aufbau

Anfang des 17. Jahrhunderts entwickelte die gedruckte Leichenpredigt eine einheitliche Form.[33] Am Beginn der Leichenpredigt stand das Titelblatt, das die elementaren Informationen beinhaltete. Dazu zählten der Name des Toten, seine Tätigkeiten und das Datum der Beerdigung ebenso wie der Name des Verfassers und Angaben zu Drucker und Verleger. Die rückwärtige Seite des Titelblattes konnte neben einer Ahnentafel und einer *Dedikation* des Autors – *Vorrede* oder *Widmung* – auch einen Holz- oder Kupferstich mit dem Porträt des Verstorbenen beinhalten.[34]

Die Leichenpredigt setzte sich aus verschiedenen Elementen zusammen. Neben der *Christlichen Leichenpredigt*, die zu Ehren des Toten an dessen letzter Ruhestätte verlesen wurde und deren Grundlage die *Exegese* – die Auslegung eines vom Verstorbenen ausgewählten Abschnitts aus der Bibel, auch *Leichtext* genannt – bildete, gehörten dazu auch die *Personalia*. Diese wurden ebenso als *Lebenslauf, curriculum vitae* oder *Ehrengedächtnis* bezeichnet und beinhalteten die Lebensgeschichte des zu Ehrenden. Darauf folgte zuweilen noch die *Abdankungs-* oder *Standrede*, die das Gedenken an den Verstorbenen abschloss und in der sich die Anverwandten für die Anteilnahme der Beerdigungsbesucher bedankten. Im Unterschied zum vorherigen Inhalt wurde dieser Teil der Leichenpredigt nicht von einem Berufsprediger sondern von einer Person gehalten, die den Toten kannte und ihm nahe stand. Am Ende der Leichenpredigt schlossen sich die *Epicedien*, von Freunden und Angehörigen des Verstorbenen verfasste Gedichte, an.[35]

Eine besondere Rolle – vor allem in der Zeit des Barock– spielten die *Personalia*. Während die ursprünglichen Leichenpredigten nach Luthers Vorbild keine Angaben zum Lebensweg des Verstorbenen gemacht hatten, wurden diese Informationen im späten 16. Jahrhundert zunehmend wichtiger. Anfang des 17. Jahrhunderts entwickelten sich die biographischen Daten schließlich zu einem autonomen Teil der Leichenpredigt und wurden immer

33 Vgl. Lenz: De mortuis nil nisi bene, S. 12.
34 Vgl. Lenz, Rudolf: Denkmale von Papier und Stein erbauet. Betrachtungen zu Leichenpredigt und Grabdenkmal in der frühen Neuzeit. In: Deutsche Inschriften. Vorträge und Berichte. Fachtagung für Mittelalterliche und Neuzeitliche Epigraphik Worms 1986 (Abhandlungen der Geistes- und Sozialwissenschaftlichen Klasse 12). Hrsg. v. Harald Zimmermann. Mainz: Verlag der Akademie der Wissenschaften und der Literatur 1987, S. 111–130, hier S. 112f.
35 Vgl. Bredhorn: Leichenpredigten-Forschung. Ergebnisse und Perspektiven, S. 577.

umfangreicher, bis sie die *Christliche Leichenpredigt* als den eigentlichen Hauptteil verdrängten.[36]

2.2 Die Leichenpredigt im Barock

Im Barock, der den Zeitraum vom ausgehenden 16. bis zum späten 18. Jahrhundert beschreibt und als Teilepoche der Frühen Neuzeit bezeichnet wird, kam der gedruckten Leichenpredigt eine große Bedeutung zu.[37] So erlebte sie ihre erste Hochzeit vor Beginn des Dreißigjährigen Krieges, eine weitere folgte in der zweiten Hälfte des 17. Jahrhunderts.[38] Zu dieser Zeit war das Sterben etwas Alltägliches, das sich inmitten der Angehörigen abspielte. Den Menschen war das baldige Ende ihres Lebens stets bewusst; sie akzeptierten den Tod als unausweichliches natürliches Phänomen. Genau wie Taufe oder Hochzeit wurde die Beerdigung als willkommenes Ereignis genutzt, um zu predigen.[39]

Während der zweiten Phase der Hochkonjunktur nahm das Volumen der Leichenpredigten enorme Ausmaße an. Wo vorher zehn bis zwanzig Seiten im Oktav- oder Quartformat üblich waren, wurden jetzt hundert, zweihundert oder noch mehr Seiten im Quart-, Folio- oder Großfolioformat gedruckt.[40] Grund dafür war das beträchtliche Anwachsen der *Personalia*, die den Lebensweg des Toten von der Geburt bis zum Todeszeitpunkt detailreich schilderten. Den Hinterbliebenen sollte dadurch ursprünglich ein nachzueifernder Lebenswandel vermittelt werden.[41]

Der beträchtliche Umfang der Leichenpredigten kam außerdem dadurch zustande, dass die Verfasser nicht nur danach strebten, ihre Gedankengänge in der Gänze wiederzugeben, sondern diese zusätzlich durch Beispiele aus dem weltlichen Leben ausschmückten. Des Weiteren fügten sie zahlreiche in hebräischer, lateinischer und griechischer Sprache abgefasste Passagen aus der Bibel oder von christlichen Autoren ein.[42] Beliebte Erweiterungen waren

---

36 Vgl. Lenz: De mortuis nil nisi bene, S. 12f.
37 Vgl. Pfisterer, Ulrich: Barock. In: Enzyklopädie der Neuzeit Bd. 1. Hrsg. v. Friedrich Jäger. Stuttgart [u.a.]: Metzler 2008, Sp. 976–986, hier Sp. 976.
38 Vgl. Lenz: De mortuis nil nisi bene, S. 17. Lenz korrigiert hier die zweite Blütephase der Leichenpredigt, die er in seinen vorherigen Publikationen in der Wende vom ausgehenden 17. zum 18. Jahrhundert ansiedelt.
39 Vgl. Lenz: Denkmale von Papier und Stein erbauet, S. 112.
40 Vgl. Lenz: Leichenpredigt, Sp. 1816.
41 Vgl. Düselder: Leichenpredigt. Inhaltliche und soziale Aspekte, Sp. 821.
42 Vgl. Mohr, Rudolf: Der Tote und das Bild des Todes in den Leichenpredigten. In: Leichenpredigten als Quelle historischer Wissenschaften Bd. 1. Hrsg. v. Rudolf Lenz. Köln [u.a.]: Böhlau 1975, S. 82–121, hier S. 88f.

außerdem Lieder, Gedichte, Kompositionen und Nacherzählungen des Beerdigungsablaufs.[43] Auch Stammtafeln, Abbildungen des Verstorbenen und der Leichenzüge zählten dazu.[44] Die Predigten wurden so immer voluminöser, das Augenmerk lag schon bald nicht mehr auf dem vorher Wesentlichen, dem Grundgedanken der Predigt, sondern vielmehr auf der äußeren Gestalt. Den Predigern ging es dabei vorrangig darum, ihr Wissensspektrum zur Schau zu stellen.[45]

Diese Entwicklung hatte ohne Zweifel auch Auswirkungen auf die zeitliche Komponente. So nahm eine dermaßen ausgeschmückte Predigt im Durchschnitt zwei Stunden in Anspruch, während die Redezeit im 16. Jahrhundert noch auf höchstens ein Viertel dieses Spektrums reduziert war.[46] Für die Hinterbliebenen war das steigende Volumen der Grabreden mit einem hohen Kostenaufwand verbunden, der oftmals zu finanziellen Problemen führen konnte. Allerdings konnten sich die Mitglieder der protestantischen Oberschicht einen Verzicht auf die Leichenpredigt, die traditioneller Bestandteil der Beerdigung geworden war, nicht leisten. Dies hätte enorme Einbußen ihres Ansehens zur Folge gehabt.[47]

Mit dem wachsenden Umfang der Leichenpredigten stieg auch die Zahl der Auflagenhöhe. Die Predigten, die vorher lediglich an die Hinterbliebenen des Verstorbenen ausgegeben worden waren, bekamen nun auch eine Relevanz für Menschen, die in keinerlei Beziehung zu dem Toten standen.[48] Neben ihrer ursprünglichen Verbreitung waren die Leichenpredigten fortan auch beim lokalen Händler und auf den Buchmessen käuflich zu erwerben. Sie wurden so zur beliebten Erbauungslektüre und fanden großen Zuspruch in der Bevölkerung. Dies machen Sonder- und Neuauflagen bekannter Leichenprediger wie Spener deutlich.[49]

Ein weiteres Indiz für den steigenden Beliebtheitsgrad der Grabrede sind die in der Zeit des Barock entstandenen Sammlungen von Leichenpredigten. Die Zusammenstellung von Reichsgräfin Sophie Eleonore zu Stolberg-Stol-

---

43   Vgl. Düselder: Leichenpredigt. Inhaltliche und soziale Aspekte, Sp. 822.
44   Vgl. Mohr: Das Ende der Leichenpredigten, S. 303f.
45   Vgl. Mohr: Der Tote und das Bild des Todes in den Leichenpredigten, S. 88f.
46   Vgl. Winkler: Die Leichenpredigt im deutschen Luthertum bis Spener, S. 238.
47   Vgl. Lenz: Gedruckte Leichenpredigten (1550–1750), S. 41.
48   Vgl. Mohr: Das Ende der Leichenpredigten, S. 294f.
49   Vgl. Bog, Ingomar: Die Generaldiskussion. Grenzen und Möglichkeiten der Forschung an Leichenpredigten im Lichte des Zweiten Marburger Personalschriftensymposiums. In: Leichenpredigten als Quelle historischer Wissenschaften Bd. 2. Hrsg. v. Rudolf Lenz. Köln [u.a.]: Böhlau 1979, S. 421–425, hier S. 424.

berg (1669–1745) ist mit 45.000 Leichenpredigten die umfangreichste und bekannteste unter ihnen. Der von der Gräfin aufgrund seines enormen Erbauungspotentials zusammengetragene Bestand wird heute in der Herzog August Bibliothek in Wolfenbüttel verwahrt. Herzog August der Jüngere von Braunschweig-Lüneburg (1579–1666), dem die Bibliothek diesen Namen verdankt, erwarb zu Lebzeiten ebenfalls zahlreiche Publikationen aus allen Reichsgebieten. Gemeinsam mit seinen Nachfahren kaufte er etwa 11.000 Leichenpredigten, die heute in der Bibliothek in Wolfenbüttel beheimatet sind. Des Weiteren sind andere Sammlungen bekannt, die von den Predigern selbst angelegt wurden. Sie eigneten sich dabei ihre eigenen Werke oder die ihrer Kollegen an. Viele Stadtbibliotheken bemühten sich zudem darum, die Predigten ihrer ortsansässigen Verfasser zusammenzutragen. Die durch diese Überlieferungen heute in Deutschland existierende Anzahl gedruckter Leichenpredigten wird auf ca. 250.000 geschätzt.[50]

2.3 Das Ende der Leichenpredigt

Der Beginn der Aufklärung im 18. Jahrhundert bedeutete zugleich das Ende der Leichenpredigt.[51] Nach über zweihundert Jahren verlor die Grabrede nach und nach an Bedeutung. Die Anliegen der Bevölkerung und der Kirche in Bezug auf die Leichenpredigt ließen sich nicht länger in Einklang bringen. Zu groß war die Differenz zwischen der ursprünglichen Intention und der – nun vor allem auf die äußere Form bedachten – barocken Leichenpredigt geworden.[52] Das zunehmende Bestreben der Wohlhabenden, ihre Leichenpredigten immer aufwändiger und ausführlicher zu gestalten, führte schließlich zu deren Niedergang.[53] Dazu kam, dass das Erbauungsschrifttum, bedingt durch die Hinwendung des Menschen zur Vernunft, seine führende Marktposition verlor. Die ehemalige Leserschaft der Predigten wandte sich vermehrt der Dichtung zu, die nun eher ihren Ansprüchen genügte.[54] Der Bedeutungsverlust der Leichenpredigt ging allmählich von statten. Sie verschwand jedoch nie vollständig, denn noch heute ist sie mancherorts – so zum Beispiel in Basel – zu finden, wenn auch nicht in solch ausgeschmückter Erscheinung wie im Barock.[55]

---

50 Vgl. Lenz: De mortuis nil nisi bene, S. 20f.
51 Vgl. Lenz: Leichenpredigt, Sp. 1816.
52 Vgl. Mohr: Das Ende der Leichenpredigten, S. 295f.
53 Vgl. Lenz: De mortuis nil nisi bene, S. 14.
54 Vgl. Mohr: Das Ende der Leichenpredigten, S. 296.
55 Vgl. Lenz: De mortuis nil nisi bene, S. 13f.

3 PHILIPP JAKOB SPENER

Philipp Jakob Spener, ein lutherischer Theologe, zählte zu den bekanntesten Verfassern von Leichenpredigten in der Zeit des Barock. Seine Grabreden wurden so geschätzt, dass sie der Öffentlichkeit durch mehrere publizierte Bände zugänglich gemacht wurden.[56]

3.1 Jugend und Prägung

Geboren am 13. Januar 1635 in Rappoltsweiler im Elsass, wuchs Spener am Hof der Grafen von Rappoltstein auf, wo sein Vater eine Stellung als Jurist und Beamter innehatte. Auch Spener selbst wurde dort erzogen und vom Hofprediger Joachim Stoll unterrichtet. Neben weiterer erbaulicher Lektüre befasste er sich in dieser Zeit auch mit Johann Arndts »Vier Bücher vom wahren Christentum«, die sein weiteres Leben stark beeinflussten.[57]

3.2 Straßburg

Im Jahr 1651 begann Spener ein Studium an der Universität in Straßburg, das er zwei Jahre später mit Erreichen des philosophischen Magisters abschloss. Es folgte ein Geschichtsstudium, an das sich 1654 ein Theologiestudium anschloss. Nach der erfolgreichen Beendigung seines Studiums 1659 wandte sich Spener nach Basel, wo er sich der Hebraistik widmete. Im Jahr darauf traf er auf seinem Weg nach Frankreich in Genf mit Jean de Labadie zusammen. Dessen Predigten und Publikationen, die vor allem den Verfall des

---

56 Vgl. ebd., S. 20.
57 Vgl. Wallmann: Der Pietismus, S. 68f. Anmerkung: Nach der neuen Zeitrechnung ist das Geburtsdatum auf den 23. Januar zu datieren.

Anstands in der Gesellschaft zum Inhalt hatten, machten einen sehr starken Eindruck auf Spener. Diese Begegnung führte aber auch dazu, dass er in der Folgezeit des Öfteren verdeutlichen musste, nicht dieselben Ziele wie Labadie erreichen zu wollen, der sich mittlerweile von der protestantischen Kirche abgespaltet hatte.

Während eines Aufenthalts in Württemberg kam Spener 1662 an der Universität Tübingen mit Theophil Großgebauers »Wächterstimme aus dem verwüsteten Zion« in Berührung. Darin prangerte der Autor das Verderben des christlichen Glaubens an. Die Gründe dafür sah er vor allem bei den Theologen selbst. Spener imponierte dieses Werk, es schärfte seinen Blick für den tatsächlichen Zustand der protestantischen Kirche.

1664 erlangte Spener, der seit einem Jahr als Freiprediger in Straßburg angestellt war, schließlich den Doktor der Theologie. Im gleichen Jahr fand die Hochzeit mit der aus Straßburg stammenden Susanne Ehrhardt statt.[58] Bereits während seiner Studentenzeit führte Spener ein Leben fern jeglicher Ausschweifungen. Stattdessen beschäftigte er sich mit der Lektüre erbaulicher Schriften und geistlichen Gesängen. Zur Finanzierung seines Studiums war Spener als Informator adliger Herren tätig. Diese Aufgabe führte dazu, dass er begann sich mit Genealogie und Heraldik zu beschäftigen.[59] Beiden Forschungsbereichen blieb er ein Leben lang treu; er besprach sie in Vorlesungen und verfasste etliche Werke, die sich mit ihnen beschäftigten. Dies bringt ihm auch heute noch den Ruf als Vater der historischen Spezialdisziplin Heraldik und als wichtigster Repräsentant der Genealogie im Deutschland des 17. Jahrhunderts ein.[60]

3.3 Frankfurt

1666 wurde Spener überraschend das Amt des Seniors im lutherischen Predigerministerium in Frankfurt angeboten. Damit wurde ihm die Verantwortung für die in Frankfurt tätigen zwölf Prediger übertragen. Als Pfarrer der Barfüßerkirche gehörten auch die Frühpredigt am Sonntag und zahlreiche Wochenpredigten zu seinen Aufgaben.[61] Allein in Frankfurt verfasste er seinen Aufzeichnungen nach 1266 Predigten und wurde dabei des Öfteren von Zuhörern aufgefordert, sie zum Zweck der Vervielfältigung weiterzureichen.

58 Vgl. Brecht: Philipp Jakob Spener, sein Programm und dessen Auswirkungen,
   S. 283–285.
59 Vgl. Wallmann: Der Pietismus, S. 69–73.
60 Vgl. Brecht: Philipp Jakob Spener, sein Programm und dessen Auswirkungen, S. 282.
61 Vgl. Schicketanz: Der Pietismus von 1675 bis 1800, S. 49f.

Dies lag nicht etwa in seiner Predigtweise sondern vielmehr im geistlichen Inhalt seiner Predigten begründet. Spener, der sich über diese Tatsache im Klaren war, veranlasste deshalb den Druck zahlreicher von ihm verfasster Predigten. Dazu gehörten auch »Die Evangelische Glaubenslehre«, »Die evangelischen Lebenspflichten« und »Der evangelische Glaubenstrost«, die zu seinen wichtigsten Publikationen zählen.[62]

3.4 Dresden

Nach zwanzigjährigem Wirken in Frankfurt wurde Spener 1686 nach Dresden berufen, wo er sein Amt als Oberhofprediger und Beichtvater des Kurfürsten ausübte. Da der Herrscher von Sachsen auch das Oberhaupt des *Corpus Evangelicorum* im heutigen Deutschland war, hatte Spener damit gleichzeitig die wichtigste mögliche Position in der lutherischen Kirche inne.[63]

Ausgehend von dieser Stellung war es ihm möglich, pietistischen Gemeinschaften bestärkend zur Seite zu stehen. Aber trotz der Macht, die dieses Amt mit sich brachte, gelang es ihm nicht, die lutherische Orthodoxie an der Bestrafung und Vertreibung der an der Leipziger Universität tätigen Pietisten zu hindern. Aufgrund von Meinungsverschiedenheiten mit dem sächsischen Oberhaupt gab Spener sein Amt auf und wandte sich 1691 Berlin zu.[64]

3.5 Berlin

Hier übte er sein Amt als Probst von St. Nikolai und als brandenburgischer Konsistorialrat aus.[65] Seine hauptsächliche Tätigkeit bestand dabei im Halten der zentralen Predigt am Sonntag sowie einer Predigt unter der Woche.[66] Wie auch schon in Dresden und Frankfurt veröffentlichte Spener in seiner Zeit in Berlin weitere Erbauungsschriften, Vorreden und Predigten. Im ausgehenden 17. Jahrhundert avancierte er so in den protestantischen Gebieten Deutschlands zum Verfasser der am häufigsten gelesenen Werke. Dies hatte zur Folge, dass sich seine darin wiedergegebenen pietistischen Ansichten immer weiter ausbreiteten. Er versuchte die neu entstandenen Gemeinschaften so gut wie möglich zu unterstützen und blieb mit vielen von ihnen in engem Kontakt. Den dadurch zustande kommenden schriftlichen Austausch fasste Spener später in den »Theologischen Bedenken« zusammen.

62 Vgl. Brecht: Philipp Jakob Spener, sein Programm und dessen Auswirkungen, S. 288.
63 Vgl. ebd., S. 329.
64 Vgl. Wallmann: Philipp Jakob Spener, S. 661.
65 Vgl. ebd., S. 661.
66 Vgl. Brecht: Philipp Jakob Spener, sein Programm und dessen Auswirkungen, S. 352.

Ermöglicht wurde diese Ausbreitung dadurch, dass die Regierung in Berlin Spener die notwendige Freiheit ließ und es ihm unter anderem erlaubte, seine verfolgten Anhänger in gehobene Positionen einzusetzen. Im Alter von 70 Jahren starb Spener schließlich 1705 in Berlin. In der protestantischen Kirche wird er heute als bedeutendster Theologe nach Luther bezeichnet.[67]

67 Vgl. Wallmann: Der Pietismus, S. 100–102.

4 REICHSSTADT FRANKFURT

Die Reichsstadt Frankfurt, 20 Jahre lang Wirkungsort Speners, war 1533 auf amtliche Anordnung von Seiten des Rates protestantisch geworden. Betrachtet man die Anzahl der verfassten Leichenpredigten seit dieser Zeit, so fällt auf, dass sie im Vergleich zu anderen ähnlich großen Städten unerwartet niedrig ausfällt. Besonders in Anbetracht der Funktion Frankfurts als Veranstaltungsort von Messen und Krönungen scheint dies bemerkenswert.[68] Die ältesten in Frankfurt gehaltenen Leichenpredigten stammen aus dem Jahr 1550. Die Anzahl der gedruckten Predigten im 16. Jahrhundert ist recht spärlich, dies ändert sich Anfang des 17. Jahrhunderts. Trotz des zahlenmäßigen Anstiegs konnte sich die Leichenpredigt in Frankfurt wohl nie als gängige Tradition durchsetzen. So zählt man zwischen 1660 und 1926 lediglich 865 gedruckte Predigten.[69] Spener selbst gehörte wohl zu den am meisten in Anspruch genommenen Autoren für Leichenpredigten.[70]

Frankfurt war zu dieser Zeit ein florierendes Handelszentrum, besonders für die Buchproduktion, und entwickelte kontinuierlich immer beträchtlichere Ausmaße. Dies zeigt sich auch bei den Einwohnerzahlen. Zu Beginn von Speners Amtszeit 1666 waren es noch 15.000 Ortsansässige, als er Frankfurt zwanzig Jahre später verließ, betrug die Zahl etwa 21.000. Besonders elementar für die Wirtschaft waren die im Frühjahr und im Herbst stattfindenden Messen.[71]

---

68 Vgl. Lenz: Gedruckte Leichenpredigten, S. 15f.
69 Vgl. Lerner, Franz: Frankfurter Leichenpredigten als Quellen der Stadt- und Kultur geschichte des 16.–19. Jahrhunderts. In: Leichenpredigten als Quelle historischer Wissenschaften Bd. 1. Hrsg. v. Rudolf Lenz. Köln [u.a.]: Böhlau 1975, S. 234–276, hier S. 234, 236.
70 Vgl. ebd., S. 268.
71 Vgl. Brecht: Philipp Jakob Spener, sein Programm und dessen Auswirkungen, S. 268.

4.1 Speners Wirken in Frankfurt

In seiner Anfangszeit in Frankfurt unterstützte Spener noch die Umwandlungsbemühungen der lutherischen Orthodoxie, indem er versuchte, ein Handelsverbot zu den Gottesdienstzeiten und eine intensivere Achtung des Sonntags als Ruhetag durchzusetzen. Im Laufe der Zeit wurde er jedoch immer skeptischer in Bezug auf die Umsetzungsfähigkeit dieser Neuerungen. Er kam bald zu dem Schluss, dass die erstrebten Reformen nicht auf dem von der lutherischen Orthodoxie gewählten Weg, durch Gesetze und Erlasse der Herrschenden, durchgesetzt werden konnten, und wenn doch, dann nur oberflächlich. Für Spener wurde ersichtlich, dass jegliche Neuerungen bei seinesgleichen, den Theologen, beginnen mussten, um von dort auf die Gläubigen überzugreifen. Nur wenn die Prediger selbst als Vorbilder für den inneren tiefen Glauben fungierten, konnte auch die Gemeinde dazu aufgefordert werden. Auf Grund dieser Einsichten wandte er sich von der Orthodoxie ab und suchte nach einem eigenen Weg, um die Kirche zu erneuern. Er fand ihn schließlich im Pietismus.[72]

4.2 Entwicklung des lutherischen Pietismus

In seinen Predigten wandte sich Spener gegen diejenigen Christen, die ihren Glauben nur oberflächlich und nicht innerlich auslebten, was schon bald zum Bruch mit vielen Gläubigen in seinem Wirkungsbereich führte. Inspiriert durch seine Predigten baten ihn Gemeindemitglieder, zusätzlich zu den Messen zu gemeinsamen erbaulichen Gesprächen zusammenkommen zu dürfen. Dies mündete 1670 in der Gründung des »Collegium pietatis« durch Spener.[73] Diese Treffen, die anfangs noch in Speners Pfarrhaus stattfanden, erfreuten sich zunehmender Beliebtheit und erlangten bald auch außerhalb Frankfurts Bekanntheit. Zu Beginn entstammten die Teilnehmer nur der Oberschicht, später wurden aufgrund der Fürsprache Speners auch Handwerker aufgenommen. Das »Collegium pietatis« entwickelte sich zum Entstehungsort des lutherischen Pietismus, der stark von Speners Reformvorstellungen geprägt war.[74]

72 Vgl. Wallmann: Der Pietismus, S. 74–76.
73 Vgl. Wallmann: Philipp Jakob Spener, S. 660.
74 Vgl. Wallmann: Der Pietismus, S. 76–78.

4.3 Vater des Pietismus

Der Zeitraum zwischen der Einrichtung der Erbauungsversammlungen und der Herausgabe von Speners Reformprogramm 1675 wird allgemein als Beginn des lutherischen Pietismus bezeichnet. Spener selbst wird wegen seiner fundamentalen Bedeutung für diese Bewegung oft mit dem Zusatz »Vater des Pietismus« versehen.[75] Zur Verbreitung seiner Anschauungen und Neuerungsvorschläge über Frankfurt hinaus trugen vor allem seine publizierten Predigtbände bei. Er arbeitete dabei eng mit dem Verleger Johann David Zunner dem Jüngeren zusammen, der ein Jahr vor Speners Ankunft von seinem Vater die Verantwortung für den Verlag übertragen bekommen hatte.[76]

Obwohl Speners Relevanz für die pietistische Bewegung im deutschen Protestantismus immer wieder, zu Recht, betont wird, ist nicht er, sondern Johann Arndt als der ursprüngliche Initiator des Pietismus zu nennen. Auch Spener berief sich immer wieder auf dessen »Vier Bücher vom wahren Christentum«, die ihn schon in seiner Jugend geprägt hatten. Er wollte die Reformation im Sinne Arndts fortführen.[77] Der Pietismus als kirchliche Reformströmung war eine der wichtigsten Entwicklungen, die sich in der protestantischen Kirche nach der Reformation zugetragen hat. Die Intention seiner Anhänger war vor allem die Neuerweckung und Festigung des innerlichen Glaubens. Sie beriefen sich dabei auf die nur teilweise durchgeführte Reformation, die sie abschließen wollten.[78]

Die Bezeichnung Pietismus lässt sich auf das lateinische Wort *pietas*, Frömmigkeit, zurückführen. Nach den Leipziger Unruhen 1689 avancierte der Name zur offiziellen Betitelung der Bewegung.[79] Spener selbst konnte mit der Bezeichnung nicht viel anfangen.[80] Verfolgt man den Werdegang der pietistischen Strömung, so wird deutlich, dass dieser eng in Zusammenhang mit der Biographie ihrer geistlichen Oberhäupter stand. Auch bei Speners Lebensverlauf war dies der Fall.[81]

---

75 Vgl. ebd., S. 67f.
76 Vgl. Schicketanz: Der Pietismus von 1675 bis 1800, S. 53.
77 Vgl. Wallmann, Johannes: Pietismus-Studien (Gesammelte Aufsätze von Johannes Wallmann 2). Tübingen: Mohr Siebeck 2008, S. 132f.
78 Vgl. Wallmann: Der Pietismus, S. 97–99.
79 Vgl. Breul, Wolfgang: Pietismus. In: Enzyklopädie der Neuzeit Bd. 10. Hrsg. v. Friedrich Jäger. Stuttgart [u.a.]: Metzler 2008, Sp. 12–17, hier Sp. 12.
80 Vgl. Wallmann: Der Pietismus, S. 21f.
81 Vgl. ebd., S. 27.

5 URSPRUNG UND BEGINN DER KRITIK

Da die Anhänger des Pietismus weg vom Scheinchristentum strebten und sich um eine Zunahme des inneren Glaubens bemühten, war eine Konfrontation mit den Leichenpredigten im Zeitalter des Barock unausweichlich. Dies lag schon im Zustandekommen der gedruckten Predigten begründet, denn diese waren entweder vom Dahingeschiedenen selbst gewünscht worden, der dafür bereits vor dem Ableben seinen Lebenslauf verfasst hatte, oder von den Hinterbliebenen bestellt worden, um den Verstorbenen zu ehren. Einen weiteren Anlass für das Entstehen einer solchen Grabrede konnte der Prediger selbst geben, der bestrebt war, sein sprachliches Geschick und sein Wissen zu präsentieren und sich dadurch anderen Arbeitgebern zu empfehlen. Er erhoffte sich eine Beförderung in eine höher bezahlte Position. Bei dieser letzten Möglichkeit befand sich auf der Titelseite der Vermerk »auf Begehren dem Druck übergeben«. In allen drei Fällen wurden die *Personalia* der Leichenpredigt zum ehrenden Gedenken des Verstorbenen entweder von diesem selbst oder von einem dafür bezahlten Prediger verfasst.[82]

Für Angehörige des Adels und wohlhabende Bürger boten die Leichenpredigten damit eine willkommene Gelegenheit, um der Bevölkerung ihr eigenes tugendhaftes Leben oder das ihrer Verwandten in Erinnerung zu rufen und sich damit ein Denkmal zu setzen. Entscheidenden Anteil am Aufblühen der Predigten hatten auch die Weiterentwicklung des Buchdrucks und der Papiererzeugung sowie die zunehmende Alphabetisierung.[83] Mit der Ausweitung der *Personalia* verlor die Leichenpredigt mehr und mehr ihren ursprünglichen stärkenden und weisenden Charakter im Sinne Luthers.

82 Vgl. Lenz: Gedruckte Leichenpredigten, S. 12.
83 Vgl. Lenz: Gedruckte Leichenpredigten (1550–1750), S. 38.

Vom Vermittler reformatorischen Gedankenguts war sie zum propagandistischen Werkzeug der Oberschicht degradiert worden.[84] Es ist daher nicht verwunderlich, dass die Zeitgenossen schon Ende des 17. Jahrhunderts dazu übergingen, die Leichenpredigt aufgrund der nicht vorhandenen kritischen Reflexion und der enormen Aufwertung des Toten in den *Personalia*, als »Lügenpredigt« zu bezeichnen.[85]

5.1 Müller und Großgebauer

Besonders Heinrich Müller, ein Theologe aus Rostock, tat sich hierbei hervor, indem er sich in seinen »Geistlichen Erquickstunden« gegen den Geiz der Prediger wandte, die für Geld die Realität in den Grabreden verfälschten: »Leichpredigten / leichte Predigten. [...]. Ich wolts schier umbkehren und sprechen: Leichpredigten schwere Predigten / denn sie beschweren Hand und Beutel mit Gold und Silber. [...]. Leicht sind sie / weil sie gehen bey vielen auß einem leichten Sinn«.[86] Die Leichenpredigten verlören damit ihre Glaubwürdigkeit und bestünden nur noch aus Lügen: »Der Todte muß gerümet seyn / wär er gleich ein Außzug aller Laster in seinem Leben gewesen; sein Geiz muß Sparsamkeit / sein fleischlicher Zorn ein göttlicher Eyfer / seine Unfläterey Kurtzweil heissen«.[87]

In seiner Abhandlung wandte er sich insbesondere an seine Amtsbrüder und rief sie zur Umkehr auf: »Deine leichte Predigten machen leichte lose Leute / die hingehen / sich / als Säuen / im Unflath der Sünden herumbwältzen / verlassen sich drauff / daß deine Leichpredigt allen Koth abwischen werde«.[88] Als Resultat seiner Ausführungen sprach er sich kompromisslos für ein Ende der Leichenpredigt aus. Eine Möglichkeit zu ihrer Beibehaltung sah er nur dann, wenn sie lediglich für diejenigen abgefasst würde, die sich ihrer würdig erwiesen hätten: »Ich meines Orts wolt / daß entweder keinem / oder allen die es verdienen Leichpredigten gehalten würden«.[89]

Auch Theophil Großgebauer übte in seinem Werk »Wächterstimme« Kritik an der Praxis der Leichenpredigten. Er prangerte vor allem die Entstehungsumstände der Grabreden an, die dazu führten, dass diese fast aus-

---

84 Vgl. Lenz: De mortuis nil nisi bene, S. 12f.
85 Vgl. Lenz: Gedruckte Leichenpredigten, S. 14.
86 Müller, Heinrich: Geistliche Erquickstunden oder Dreyhundert Haus- und Tischandachten. Dritter Theil. Frankfurt a. M.: Wusten 1666, S. 98. http://digital.slubdresden.de/werkansicht/dlf/61692/5/0/ [18.06.2015].
87 Müller: Geistliche Erquickstunden oder Dreyhundert Haus- und Tischandachten, S. 98.
88 Ebd., S. 98f.
89 Ebd., S. 99.

schließlich auf Wohlhabende gehalten würden, unabhängig vom Verlauf ihres oftmals nicht sehr tugendhaften und christlichen irdischen Lebens. Die Armen blieben trotz ihres vorbildlichen christlichen Daseins, aufgrund der Tatsache, dass sie sich eine solche Predigt nicht leisten könnten, davon ausgeschlossen und würden nach ihrem Tod in Vergessenheit geraten:

> *Wir machen bösen Unterscheid / so wir das selige Sterben nach dem Reichthumb und Ansehen einer Person abmessen / das ist eine falsche Elle. Wann ein Reicher stirbt / so muß er haben seine Leich=Predigt / seine Lob=Schriften / seinen Nachklang. Wann aber der Arme stirbt / ob er gleich ist ein guter Streiter Jesu Christi gewesen / ob er gleich in Christo wolgekämpffet / und mit der Welt nicht gehuret hat / sondern sein Brodt mit Kummer und Thränen gegessen / dessen ist vergessen / dem ist genug / daß er ein klein Oertlein auff dem Kirchhoff finde / da seine Gebeine liegen. Die Glocken klingen sachte / die Leich=Predigt bleibt auß / die Lob=Schrifft ist nirgend zu finden.*[90]

Weiter bemängelte Großgebauer, dass dieses Vorgehen dazu führe, dass die Grabrede ihre Funktion als ehrende und tröstende Instanz verliere, da sie nicht auf die Verfehlungen und Sünden der Verstorbenen eingehe: »Nun aber dem allen ungeachtet / sterben gleichwol die Leute alle selig / sie sind alle selig entschlaffen«.[91]

Diese Vorwürfe blieben nicht ungehört. Schon im 16. Jahrhundert hatten sich Inhaber hoher geistlicher Ämter bemüht den anwachsenden *Personalia* entgegenzuwirken und die Predigtdauer auf dreißig Minuten zu beschränken. Ebenso wie die weltlichen Herrscher scheiterten sie allerdings immer wieder. Ein Beispiel für ein solches Unternehmen bietet das Herzogtum Zweibrücken, das 1673 erfolglos danach strebte die Leichenpredigt abzuschaffen.[92]

5.2 Speners Kritik

Auch Spener übte schon in seiner Anfangszeit als Senior des Frankfurter Predigerministeriums Kritik an der damals üblichen Form der Leichenpredigt. Dies hatte zur Folge, dass die Zahl der in Frankfurt verfassten und gedruckten

---

90 Großgebauer, Theophilus: Wächterstimme. Auß dem verwüsteten Zion. In: Drey Geistreiche Schrifften. Rostock: Keylen 1667, S. 229. http://digital.staatsbibliothek-berlin.de/werkansicht/?PPN=PPN636869539&LOGID=LOG_0006 [18.06.2015].
91 Ebd., S. 234.
92 Vgl. Lenz: De mortuis nil nisi bene, S. 14.

Grabreden während seiner zwanzigjährigen Amtszeit stark zurückging.[93] Er berief sich dabei vor allem auf Müller und Großgebauer, deren Vorwürfe er immer wieder zitierte und um eigene Punkte erweiterte.[94] Neben dem Retuschieren der *Personalia*, die so zumeist das Bild eines tugendhaften christlichen Lebens ohne jeglichen Makel zeichneten, missfiel Spener vor allem der Predigtstil des Barock. Wie schon Müller und Großgebauer erkannte er, wie weit die Leichenpredigt mittlerweile von ihrer ursprünglichen Intention abgewichen war und dass ihre Entstehung vom Reichtum, nicht aber von den Verdiensten des Verstorbenen, abhing. Er wandte sich deshalb gegen die durch Phrasen und Paradigmen übertrieben ausgeschmückte Grabpredigt, die in erster Linie der Huldigung des Verstorbenen diente.[95]

Das dadurch maßlos ausufernde Volumen der in ihren Anfangszeiten recht knapp und unverbindlich gehaltenen Leichenpredigt bemängelte Spener ebenso wie den Charakter der barocken Predigt im Allgemeinen. Dazu zählten ihre Bandbreite an Themen und auch ihre ausführlichen und wortreichen Schilderungen. Diese Faktoren führten dazu, dass die Grabrede in ihrem Ablauf einem diffizilen Schema folgte, bei dem jede Einzelheit berücksichtigt werden musste und Auslassungen untersagt waren. Das hatte zur Folge, dass Äußerlichkeiten immer relevanter und der Inhalt zur Nebensache wurde.[96]

Die nach den Vorstellungen der Angehörigen gestalteten *Personalia* konnte Spener nicht mit seinen Ansichten über die Festigung des inneren Glaubens in Einklang bringen. Bei etlichen Bibelstellen, die der Verflossene vor seinem Ableben als Grundlage für die Predigt ausersehen hatte, die aber nicht mit dessen Biographie übereinstimmten, erging es ihm ähnlich.[97] Dies machte er deutlich, als er schrieb: »Sind sie mächtig so unterdrücken ihre nachkömmlinge oft vieles von der Wahrheit und darff der Scribenten keiner leicht das hertz nehmen ihre Übeltaten der nachwelt auffzuschreiben, sondern muß dessen in forchten stehen«.[98]

---

93 Vgl. ebd., S. 14.
94 Vgl. Spener: Zuschrifft, S. 12.
95 Vgl. Lenz: De mortuis nil nisi bene, S. 142.
96 Vgl. Mohr: Der Tote und das Bild des Todes in den Leichenpredigten, S. 82–84 und S. 89.
97 Vgl. Schneider: Die pietistische Leichenpredigt, S. 43f.
98 Spener: Zuschrifft, S. 10.

5.3 Gründe für das Fortbestehen

Trotz der vielen Kritik an der Arbeitsweise ihrer Verfasser und zahlreicher Versuche der Obrigkeit, die Leichenpredigten zu verbieten, hielten nicht nur die wohlhabenden Einwohner mit ihrem Bedürfnis nach unvergänglicher Ehrung, sondern auch die Prediger daran fest. Dies lässt sich dadurch erklären, dass die Prediger finanziell auf ihre Arbeitgeber angewiesen waren und sich deshalb nach deren Wünschen richteten. Nur wenn die Auftraggeber mit dem verfassten Andenken ihres Verwandten zufrieden waren, konnten die Autoren damit rechnen, weiterempfohlen zu werden. Die wirtschaftliche Situation der Prediger war oft so prekär, dass sie keine andere Möglichkeit hatten, als sich den Vorstellungen ihrer Kunden zu fügen.[99]

99 Vgl. Winkler: Die Leichenpredigt im deutschen Luthertum bis Spener, S. 231.

6 ENTSTEHUNG »PIA DESIDERIA«

Die gesamte Kritik Speners am Zustand der protestantischen Kirche findet sich in seinem 1675 veröffentlichten Werk wieder. »Pia Desideria oder Hertz liches Verlangen nach gottgefälliger Besserung der wahren Evangelischen Kirchen sampt einigen dahin einfältig abzweckenden Christlichen Vorschlagen« diente anfangs als Vorwort einer Neuauflage von Johann Arndts »Evangelienpostille«, wurde aber noch im selben Erscheinungsjahr, wiederum bei David Zunner, als eigenständiges Werk veröffentlicht. Neben der Konstatierung der kirchlichen Zerrüttung enthielt die Schrift auch Speners Änderungsvorschläge für die aus seiner Sicht sechs problematischsten Bereiche des protestantischen Christentums.[100]

Da die »Pia Desideria« mit Speners Ansichten auch die grundlegenden Forderungen des lutherischen Pietismus umfassten, avancierten sie zur Reformschrift der Bewegung.[101] Durch die Drucklegung breitete sich der Pietismus auch außerhalb Frankfurts aus und fand weitere Anhänger.[102]

6.1 Reformvorschläge

Speners Reformvorschläge für die protestantische Kirche beruhten auf der Ansicht eines kirchlichen Verfalls, der dadurch zustande komme, dass alle drei Stände ihre Pflichten und Tugenden vernachlässigten. Die weltlichen Herrscher hätten ihre Aufgabe als »pfleger und säugammen der kirchen«[103] vergessen und nützten ihre Macht zu ihrem eigenen Vorteil. Seinem eigenen Stand konstatierte Spener »daß auch dieser stand ganz verderbet seye / und

100 Vgl. Wallmann: Pietismus-Studien, S. 138.
101 Vgl. Schicketanz: Der Pietismus von 1675 bis 1800, S. 54.
102 Vgl. Brecht: Philipp Jakob Spener, sein Programm und dessen Auswirkungen, S. 316.
103 Spener: Pia Desideria, S. 14, Z. 12.

also von unsern beyden obern ständen / die meiste verderbnuß unter die gemeinde außbreche«.[104] Die Lage des dritten Standes, als vom ersten und zweiten Stand beherrschte Schicht, sei dementsprechend so schlecht, dass man das christliche Leben dort »in offenem Schwang sihet«.[105]

Um diesen Niedergang aufzuhalten, entwickelte Spener ein aus sechs zentralen Punkten bestehendes Reformprogramm. Er wollte damit bei denjenigen ansetzen, die offen für seine Verbesserungen waren. Ausgehend von diesen, sollten auch die anderen zur Annahme der Ideen gebracht werden.[106] Sein erster Vorschlag bestand darin »das Wort Gottes reichlicher unter uns zu bringen«.[107] Dies sei notwendig, da alles Gute im Menschen von Gott ausgehe und die Verkündigung des Evangeliums die beste Methode darstelle, um seine Wirkung zu entfalten. Auch das selbstständige Lesen biblischer Texte durch Gemeindemitglieder oder gemeinsame Lesestunden sollten laut Spener diesem Zweck dienen.[108]

Weiterhin sprach sich Spener für »die auffrichtung und fleissige übung deß Geistlichen Priesterthums«[109] aus, nicht nur bei den Predigern, vielmehr bei allen Christen, denn Gott habe sie alle dazu berufen in seinem Sinne zu wirken. Seine dritte Forderung bezog sich auf die Umsetzung des christlichen Glaubens in die Praxis. Bloße theoretische Kenntnis sei nicht ausreichend, besonders bei der Nächstenliebe. Dies gelte auch im Hinblick auf die Religionsstreitigkeiten. Hier müssten die protestantischen Christen mit gutem Beispiel vorangehen und statt Konflikte auszutragen für die vom wahren Glauben Abgefallenen beten, damit sie zu ihm zurück fänden.[110] Die fünfte Empfehlung Speners handelte von der Reformierung des Predigeramtes und des Theologiestudiums, die grundlegend verändert werden müssten, um eine Heilung der Kirche zu erreichen. Nur wenn die Theologen als Vorbild fungierten, sei es möglich, dass auch der Rest der Gemeinde auf den richtigen Weg geführt werden könne.[111]

104 Ebd., S. 15, Z. 21–23.
105 Ebd., S. 28, Z. 8.
106 Vgl. ebd., S. 8f.
107 Ebd., S. 53, Z. 31.
108 Vgl. ebd., S. 53–58.
109 Ebd., S. 58, Z. 13f.
110 Vgl. ebd., S. 60–67.
111 Vgl. ebd., S. 67–78.

6.2 Predigtreform

Mit seinem letzten Vorschlag wandte sich Spener den Predigten zu. Ebenso wie die anderen Bestandteile des Theologiestudiums sollten auch sie reformiert werden, damit die Prediger lernten, »wie sie alles in solchen Predigten zu der erbauung einzurichten [hatten]«.[112] Denn nur dadurch könnten sie ihre eigentliche Aufgabe, die Gemeinde im Glauben zu stärken, erfüllen. Es gebe im Deutschen Reich wahrlich keinen Mangel an Predigten: »Aber viel gottselige gemüther finden gleichwol nicht wenig mangel an vielen Predigten«.[113] Dies sei deshalb der Fall, weil etliche Amtsbrüder ihre Predigten, ungeachtet der Tatsache, dass ihre Zuhörer mit deren Inhalt in der Regel nichts mehr anfangen könnten, so gestalteten, als würden sie vor einem akademischen Publikum sprechen. Statt sich darum zu bemühen den einfachen Gläubigen das Wort Gottes näher zu bringen, kümmerten sich diese Prediger nur um die äußere Form »daß alle Theile recht nach der Redekunst abgemessen und aufgeziert seyen / als wie sie solche Materien wehleten und durch Gottes Gnade außführeten / darvon der Zuhörer im leben und sterben nutzen haben mag«.[114]

Die kirchlichen Predigten seien aber nicht dafür gedacht, das Wissen der Theologen zur Schau zu stellen. Vielmehr dienten sie dazu »das Wort des HERRN einfältig aber gewaltig [zu] predigen / und dieses das Göttliche mittel seyn solte / die leute selig zu machen«.[115] Deshalb sollten alle Prediger ihre Reden so verfassen und vortragen, dass ihre Zuhörer deren Wortlaut auch verstehen könnten. Nur wenn die Theologen dies beherzigten und so gewährleisteten, dass ihre Gemeindemitglieder die Botschaft Gottes verstünden, könnten diese innerlich erneuert werden.[116]

Auch wenn dieser Reformvorschlag am Ende stand, schmälerte dies nicht seine Bedeutung. Vielmehr rundete er die anderen Reformen zusammenfassend ab. Die Predigten würden gebraucht, um das Wort Gottes zu verkünden, das zur Erneuerung des inneren Menschen führen sollte. Um dies zu erreichen, müssten sie vorher aber umfangreichen Änderungen unterzogen werden. Dies galt nicht nur für die sonntägliche Predigt oder die Wochenpredigt sondern auch für die Leichenpredigt. Obwohl sie in den »Pia Desideria« nicht eigens erwähnt wurde, war sie als Sondergattung der Predigt in

---

112 Ebd., S. 78, Z. 33.
113 Ebd., S. 79, Z. 6f.
114 Ebd., S. 79, Z. 13–16.
115 Ebd., S. 79.
116 Vgl. ebd., S. 79f.

die Änderungen eingeschlossen. Trotz aller geübter Kritik war Spener die Leichenpredigt wichtig. Er wollte sie reformieren, um sie als Werkzeug zur Erneuerung des inneren Menschen einzusetzen.[117]

117 Vgl. Schneider: Die pietistische Leichenpredigt, S. 44–46.

7 LEICHENPREDIGTEN-SAMMELBAND

Dies zeigt sich auch darin, dass Spener selbst im Laufe seiner Amtszeit zahlreiche Leichenpredigten verfasste. 1677 veröffentlichte er, abermals bei Johann David Zunner, einen von Johann Dietrich Friedgen gedruckten Sammelband. Dieser enthielt zwölf Leichenpredigten, von denen Spener die erste schon 1665 auf die Pfalzgräfin Maria Johanna bei Rhein verfasste.[118] Es war der erste von insgesamt zwölf Sammelbänden mit Leichenpredigten, die Spener bis 1703 publizierte. Ein dreizehntes Werk erschien nach seinem Tod 1707 und beinhaltete unter anderem auch die Leichenpredigten der Eheleute Spener.[119] Der Theologe verfasste seine Leichenpredigten hauptsächlich während seiner Amtszeit in Frankfurt und Berlin. In Dresden war er so sehr von seinen Aufgaben beansprucht, dass er diese Tätigkeit vernachlässigte. Es lassen sich für diese Amtsperiode deshalb nur zwei von ihm gehaltene Leichenpredigten nachweisen.[120]

Im Vorwort zu diesem ersten Sammelband äußerte sich Spener auch zu den Gründen für die Veröffentlichung. Schon König Salomo habe gesagt, dass man sich der Gerechten erinnern werde, während die Gottlosen vergessen würden. Zu den Tugenden der Gerechten gehöre dabei, Gott Ehrfurcht, Liebe und Vertrauen entgegenzubringen. Sie sollten ein Vorbild für die anderen Gläubigen sein und seien sich dessen bewusst, dass sie Gott ihr Dasein verdankten. Die Gottlosen wiederum missachteten die Gebote Gottes und

---

118 Vgl. Spener, Philipp Jakob: Zwölff Christliche Leichpredigten. Zu unterschiedlichen Zeiten gehalten und auff begehren vormahls eintzel, jetzo zusammen zum Truck gegeben. Frankfurt a. M.: Zunner 1677. http://diglib.hab.de/drucke/th-1743-2s/start.htm [18.06.2015].
119 Vgl. Schneider: Die pietistische Leichenpredigt, S. 40.
120 Vgl. Winkler: Die Leichenpredigt im deutschen Luthertum bis Spener, S. 202.

strebten danach sich ein Denkmal zu setzen. Auch wenn ihnen dies oft kurzfristig gelinge, so könne die Wahrheit nicht auf Dauer verschwiegen werden und werde offenbar. Spener war sich bewusst, dass die Leichenpredigt oft von den Gottlosen zu ihren Zwecken verwendet wurde. Dennoch hielt er an ihr fest: »Zu jenem ersten / nehmlich die gedächtnüß der gerechten in dem segen zu erhalten / ist unter andern ein nicht undienliches mittel die gewohnheit der haltenden Leich=predigten bey gottseligen Personen«.[121] Er bezog damit stellvertretend für den lutherischen Pietismus Position, für den die Leichenpredigt zu den erbaulichen Publikationen zählte, und deshalb einen beliebten Gegenstand für Sammelwerke darstellte.[122]

Speners Zusammenstellungen von Leichenpredigten erlangten schnell einen großen Bekanntheitsgrad und wurden von vielen Nachahmern als Ideal der pietistischen Grabrede angesehen.[123] Er selbst sprach sich für die Existenz gedruckter Leichenpredigten aus, weil sie der Erbauung förderlich seien und ihr theologischer Inhalt sich daher schnell verbreiten könne: »So vielmehr wo dieselbe nicht nur gehalten werden [...] sondern wo sie etwa auch zu truck zu längerem währen befördert werden«.[124]

Spener bezeichnete die in seinem Sammelband mit Leichenpredigten bedachten Personen als »gerechte[n]«[125] und legitimierte so sein Vorgehen. Mit Ausnahme der ersten wurden alle weiteren Leichenpredigten auf Männer verfasst, die als Schöffen und Ratsmitglieder in Frankfurt tätig waren. Auf die Leichenpredigt der Pfalzgräfin bei Rhein folgten die 1667 von Spener auf Johann Adolph Kellner, Achilles Sigmund von Glauburg und Vincentz Steinmeyer gehaltenen Predigten. Auch die ein Jahr später für Johann Hektor von Holzhausen und Johann Georg Grambs geschriebenen Reden wurden aufgenommen. Im Anschluss folgten die 1670 für Conrad Stein und die 1671 für Johann Philipp Fleischbein von Kleeberg erstellten Predigten. Die Reden neun, zehn und elf von 1674 wurden Zacharias Stenglin, Heinrich Julius von Hinsperg und Johann Hieronymus Stefan von Cronstetten gewidmet. Die Predigt auf Johann Conrad Clessen wurde zwei Jahre später verfasst. Der Band schloss mit einer Trostschrift, die Spener anlässlich des

---

121 Spener: Zuschrifft, S. 11.
122 Vgl. Lenz: Leichenpredigt, Sp. 1815.
123 Vgl. Schneider: Die pietistische Leichenpredigt, S. 46f.
124 Spener: Zuschrifft, S. 12f.
125 Ebd., S. 13.

Todes des Stralsunder Ratsmitglieds Johann Hagemeister 1670 in Frankfurt für dessen Witwe schrieb.[126]

Wie die Leichenpredigten zeigen, war Spener vor allem als Prediger für Angehörige der Oberschicht tätig, was wohl auf seine Stellung als Senior des Predigerministeriums zurückzuführen ist. Das Halten von Leichenpredigten als Inhaber dieses Amtes bedeutete neben dem eigentlichen Gehalt den gleichzeitigen Gewinn zusätzlicher Einnahmen. Es wird ersichtlich, dass sich nur Mitglieder der Oberschicht eine Grabrede des Seniors leisten konnten.[127]

7.1 Exemplarische Leichenpredigt

Die Leichenpredigt auf Zacharias Stenglin soll im Nachfolgenden exemplarisch untersucht werden. Der Doktor beider Rechte, hochfürstlicher Württembergischer Rat und Syndicus der Stadt Frankfurt, starb am Sonntag, den 18. Januar 1674. Die Beerdigung fand drei Tage später in der Kirche St. Katharina statt, wo Spener auch seine Leichenpredigt hielt. Der 1674 erschienene Druck war im Wortlaut identisch mit der drei Jahre später im Sammelband abgedruckten Leichenpredigt. Lediglich in der graphischen Gestaltung gab es einige geringfügige Unterschiede. Im weiteren Verlauf soll der Erstdruck betrachtet werden.[128]

Spener orientierte sich beim Abfassen dieser Grabrede ganz am damals üblichen Aufbau einer Leichenpredigt.[129] Sie begann mit dem Titelblatt, das eine ganze Seite einnahm. Darauf waren der Name des Verstorbenen, seine Titel und Ämter sowie sein Todestag abgedruckt. Auch die Informationen über Beerdigungsort und -tag, die zugrundeliegenden Bibelstellen, Speners Name als zuständiger Prediger und der Druckort konnten der Titelseite entnommen werden. Es folgte der *erste Eingang*, der mit einem Gebet eröffnet wurde und den Auftakt zur *Christlichen Leichenpredigt* bildete. Im Anschluss wurden eine Paraphrase aus der Bibel und der Zweck des Zusammenkommens erläutert, indem ein Bezug zu Stenglin hergestellt wurde. Danach reihte sich der *zweite Eingang* ein, dem die Auslegung des zugrundeliegenden Bibeltextes folgte.[130]

---

126 Vgl. Spener: Zwölff Christliche Leichpredigten.
127 Vgl. Lenz: Gedruckte Leichenpredigten, S. 18–21.
128 Vgl. Spener: Die Heilsamste Artzeney In Christi Wunden.
129 Vgl. Schneider: Die pietistische Leichenpredigt, S. 4.
130 Vgl. Spener: Die Heilsamste Artzeney In Christi Wunden.

Wie in vielen anderen Beispielen auch, wurde dieser *Leichtext* vom Verstorbenen »selbsten darzu ernennet und bestimmet«.[131] Es handelte sich dabei um Jesaja 53,3 und 1. Petrus 2,24. Die wichtigsten inhaltlichen Botschaften dieser Bibelstellen wurden in den *Lehr=Puncten* noch einmal zusammengefasst. Die *Personalia* bildeten den zweiten Teil der Leichenpredigt, die mit einem Gebet schloss. Darauf folgten zahlreiche *Epicedien*, die noch einmal 48 Seiten beanspruchten.[132]

7.2 Umsetzung der Kritik

Der *erste Eingang* wurde am oberen Rand der Seite mit einem Blumenornament verziert, auf der letzten Seite der *Epicedien* enthielt die Leichenpredigt eine weitere Grafik. Bis auf die Verzierung der Initialen durch Blumenranken war sie ansonsten schmucklos. Sie entsprach so den Vorstellungen Speners, der sich gegen eine übertriebene Ausgestaltung der Leichenpredigt wandte und stattdessen forderte, sich auf den Inhalt zu konzentrieren. Spener selbst verwendete deshalb nur wenige lateinische, griechische oder hebräische Zitate, die er in den meisten Fällen übersetzte oder erklärte; sie wurden im Text durch abweichende Schriften hervorgehoben.[133] Es gab allerdings auch einige Textstellen, in denen das nicht der Fall war und die fremdsprachlichen Ausdrücke kommentarlos und für den einfachen Zuhörer unverständlich im Text standen.[134]

Anders als viele seiner Amtskollegen versuchte er nicht seine Gelehrsamkeit zur Schau zu stellen, verlor sich aber immer wieder in Diskussionen und Erläuterungen in Bezug auf religiöse Einzelheiten, beispielsweise der Herkunft des Wortes Wunden oder einem geführten Disput mit dem Judentum, den er aber aufgrund der »Enge der Zeit«[135] nicht weiter ausführen konnte. In Stenglins Leichentext gebrauchte Spener trotz seines zur Schau getragenen Missfallens an ausschmückenden Geschichten selbst ein außerbiblisches Gleichnis. Allerdings war dieses nur wenige Zeilen lang und wurde sofort wieder in Verbindung zum *Leichtext* gesetzt.[136]

Beim Vergleich der Leichenpredigten Speners fällt auf, dass die *Personalia* sich in ihrem Aufbau und ihrer Sprache entsprechen. Dies weist darauf-

---

131 Ebd., S. 11.
132 Vgl. ebd.
133 Vgl. ebd., S. 6.
134 Vgl. ebd., S. 7, 10.
135 Ebd., S. 19.
136 Vgl. ebd., S. 25f.

hin, dass sie von Spener selbst verfasst wurden, indem er jeweils die von den Angehörigen übermittelte Biographie in seine Vorlage einfügte.[137] Obwohl sich seine Kritik vor allem auf die *Personalia* bezog, die den Wohlhabenden zur Selbstverherrlichung dienten, nahmen diese auch in seinen Leichenpredigten einen gesonderten Raum ein. Anders als in den von Spener kritisierten Reden betrugen sie in der Leichenpredigt Stenglins mit 17 im Vergleich zu der 33 Seiten umfassenden *Christlichen Leichenpredigt* allerdings nur ein Drittel des Gesamtumfangs. Das *Ehrengedächtnis* begann mit der Geburt Stenglins in Augsburg und fuhr nach einer kurzen Erwähnung seiner Herkunft und seiner Taufe als wichtigem Meilenstein sehr ausführlich mit seinem beruflichen Werdegang fort. Auch seine familiäre Situation wurde erwähnt. Im Anschluss daran wurden Stenglins Ämter und ehrenvolle Taten aufgeführt.[138]

Auch das Christentum des Verstorbenen wurde hervorgehoben. Stenglin habe »mit hertzlichem Eiffer«[139] dem Gottesdienst und erbaulichen Versammlungen beigewohnt und sei stets sehr gläubig gewesen. Der Charakter des Toten wurde ebenfalls untersucht. Dabei deutete Spener auch vorhandene Schwächen an, die Stenglin im persönlichen Gespräch mitgeteilt haben soll. Sie wurden aber sofort wieder mit dem Zusatz abgeschwächt, er sei stets um Besserung bemüht gewesen: »In dem übrigen Leben war er gegen jedermann freundlich / verträglich / dienstwillig / und der alles gern gut gesehen hätte. Wo ers aber nicht allemal zu wegen bringen konte / beseuffzete er solches hertzlich«.[140] Spener kannte den Verstorbenen Stenglin wohl persönlich, da die beiden seiner Aussage nach »öffters vertrauliche gespräche gepflogen«[141] hatten. Der Lebenslauf schloss mit einer ausführlichen Beschreibung der Erkrankung Stenglins und seinem sich anschließenden Tod. Die *Personalia* wurden somit in die Predigt integriert und sollten den Trauernden als vorbildliches Beispiel dienen.[142]

In der *Christlichen Leichenpredigt* konzentrierte sich Spener dagegen ganz auf den Bibeltext und seine Auslegung. Gemäß seines in den »Theologischen Bedenken« geforderten Schemas erwähnte er den Verstorbenen außer in den *Personalia* nur im *ersten Eingang,* um einen Bezug zwischen dessen

---

137 Vgl. Winkler: Die Leichenpredigt im deutschen Luthertum bis Spener, S. 221.
138 Vgl. Spener: Die Heilsamste Artzeney In Christi Wunden, S. 37–49.
139 Ebd., S. 49.
140 Vgl. ebd., S. 49f.
141 Ebd., S. 50.
142 Vgl. Winkler: Die Leichenpredigt im deutschen Luthertum bis Spener, S. 229.

Leben und der *Exegese* herzustellen. So sollte jeglicher Missbrauch in Bezug auf die *Personalia* verhindert werden: »in dem ich des todten in der predigt mit keinem wort sondern nur bey dem ende des exordii, warum wir beysammen seyen / und in den personalien gedencke«.[143] Die Trauergemeinde sollte an den Grund des Zusammenkommens erinnert werden und nicht vergessen, dass Gott allein die Macht habe über ihr Leben zu entscheiden und sie ihm alles verdanke.[144]

7.3 Umsetzung der Reformvorschläge

Um sicherzustellen, dass alle Zuhörer und Leser den Inhalt seiner Leichenpredigt verstanden, versuchte Spener sie in möglichst einfachen Worten abzufassen. Dies wird daran deutlich, dass seine ganze *Christliche Leichenpredigt* voll von Worterklärungen ist: »Propheten (unmittelbar von Gott gesandt = und erleuchtete Lehrer) und Wahrsager / das ist solche leute / welche der Propheten auß unmittelbahrer offenbahrung thuende weissagungen erklären«.[145] Ganz im Sinne seiner ein Jahr nach Drucklegung der Predigt veröffentlichten Schrift »Pia Desideria« sollte die Leichenpredigt »zu unserer erbauung«[146] dienen.

Auch andere Teile seiner Reformschrift finden sich in seinen Grabreden wieder.[147] In Stenglins Fall kommt Speners Ansicht der sich in einem Zustand des Verfalls befindenden Menschheit klar zum Ausdruck: »Wir sind kranck / voller sunde / und ist nichts gesundes an uns«.[148] Dies sei der Zustand aller, die sich von Christus abgewendet hätten, nur durch ihn sei Erlösung möglich. Speners erster Vorschlag zur Änderung dieses Zustands findet sich ebenfalls in Stenglins Leichenpredigt. Getreu der Aussage »Dein Wort ists HERR / welches alles heilet«,[149] sollte das Evangelium verkündet werden, um durch das Wort Gottes die Menschen gesund zu machen. Auch seine dritte Forderung eines friedlichen und gemäßigten Umgangs im Konflikt mit anderen Religionen wurde in der Grabrede umgesetzt, indem Spe-

---

143 Spener, Philipp Jakob: Schriften. Theologische Bedencken und andere Brieffliche Antworten. Bd. 11.2. ND von 1700. Hrsg. v. Erich Beyreuther. Hildesheim [u.a.]: Olms 1999, art. 4, sect 24, S. 89.
144 Vgl. Spener: Die Heilsamste Artzeney In Christi Wunden, S. 9–11.
145 Ebd., S. 4.
146 Ebd., S. 5.
147 Vgl. Lenz: Gedruckte Leichenpredigten, S. 22.
148 Spener: Die Heilsamste Artzeney In Christi Wunden, S. 18.
149 Ebd., S. 34.

ner in einer Abhandlung die Argumente des Judentums entkräftete, ohne gegen die Juden vorzugehen.[150]

Wie in den »Pia Desideria« beschrieben war das Ziel der hier angewandten Reformen die Erneuerung des inneren Menschen. Dieser werde durch den Glauben an Gott von der »haupt=kranckheit deß unglaubens«[151] geheilt. Der Mensch werde dabei einer ständig andauernden Erneuerung unterzogen, die ihn zur »Wahrheit des Glaubens«[152] und damit auch zur Vergebung der Sünden und zur geistlichen Wiedergeburt führe.

7.4 Berufung auf Luthers Ansinnen

Neben seinen Reformvorschlägen sind in Speners Leichenpredigten auch Spuren von Luthers ursprünglichen Intentionen wiederzufinden. Dieser hatte die Leichenpredigt 1525 im Protestantismus heimisch gemacht. Auch auf Luther selbst wurden vier Leichenpredigten verfasst, die ebenfalls zur Verbreitung dieses Genres beitrugen. Für ihn war wichtig den Trauernden neuen Mut zuzusprechen und ihnen die Vergänglichkeit des Lebens ins Gedächtnis zu rufen. Die Leichenpredigt sollte außerdem davon zeugen, dass der Tote sein Dahinscheiden erwartet und dementsprechende Maßnahmen ergriffen habe.[153]

Vor allem Letzteres lässt sich in der Predigt auf Stenglin gut rekonstruieren. Spener beschrieb darin ausführlich, wie sich die Krankheit des Ratsherren bemerkbar gemacht habe, um sich dann allmählich immer weiter auszubreiten. Bereits nachdem erste Anzeichen erkennbar gewesen seien, habe der Syndicus Spener als Senior des Predigerministeriums zu sich gerufen und ihm berichtet, dass er seit drei Monaten fortwährend sein Gewissen befrage, um vor seinem Tod alle seine Sünden beichten zu können. Nach der abgelegten Beichte besuchte er in der ihm verbliebenen Zeit den Gottesdienst, um dort oder auch zu Hause das Abendmahl zu empfangen, so auch zwei Wochen vor seinem Tod. Danach »wartete er bißher nichts anders / als seiner vorstehenden Entbindung«.[154] Einen Tag vor seinem Ableben verabschiedete er sich von seiner Familie und starb dann im Beisein seiner Tochter und seines Schwiegersohnes.[155]

150 Vgl. Spener: Die Heilsamste Artzeney In Christi Wunden, S. 18f.
151 Ebd., S. 29.
152 Vgl. ebd., S. 29.
153 Vgl. Krentz, Natalie: Leichenpredigten. In: Das Luther-Lexikon. Hrsg. v. Volker Leppin. Regensburg: Bückle & Böhm 2014, Sp. 381–383, hier Sp. 381f.
154 Spener: Die Heilsamste Artzeney In Christi Wunden, S. 51.
155 Vgl. ebd., S. 52f.

Auch die Tröstung der Hinterbliebenen berücksichtigte Spener in Stenglins Grabrede: »dieses ist auch der trost gewesen / auff welchen gelebet / und auch seelig zu sterben bezeuget hat / unser eingangs ernenter seelige herz«.[156] Den Trauernden sollte verdeutlicht werden, dass der Ratsherr, nachdem er ein christliches Leben gelebt hatte, einen friedlichen Tod gestorben war. Gleichzeitig sollten sie so an ihre eigene Sterblichkeit erinnert werden und sich deshalb ein Beispiel am Verstorbenen nehmen.[157]

In seinen Leichenpredigten berief sich Spener immer wieder auf Luther. Auch in der Stenglins ist dies der Fall.[158] Wie sehr er sich an den bei Luther zugedachten Aufgaben einer Leichenpredigt orientierte, wird auch im Eingangsgebet der Grabrede Stenglins noch einmal deutlich:

daß wir in den wunden Jesu un dero heilsamsten krafft unsere
gesundheit / geistlich und ewiges leben finden / un den von allem tod
unüberwindlichen trost darauß fassen / in deme wir nicht nur der
leiben unserigen abschied so viel geduldiger tragen / sondern auch
zu unserer letzten heimfahrt / als des lebens seelige eingang / uns so
glaubig vorbereiten / als mit freudigem verlangen derselben allzeit
erwarten mögen.[159]

Wie Luther sah Spener die Aufgabe der Leichenpredigt vor allem in ihrer Funktion als Erbauungsschrift begründet.[160] Anders als der Reformator, der sich in seinen Predigten keinen formellen Richtlinien unterwarf, folgte Spener jedoch dem damals üblichen Aufbau.[161]

156 Ebd., S. 36.
157 Vgl. Winkler: Die Leichenpredigt im deutschen Luthertum bis Spener, S. 31.
158 Vgl. Spener: Die Heilsamste Artzeney In Christi Wunden, S. 21.
159 Ebd., S. 3f.
160 Vgl. Lenz: Gedruckte Leichenpredigten, S. 23.
161 Vgl. Winkler: Die Leichenpredigt im deutschen Luthertum bis Spener, S. 27.

8 LEICHENPREDIGT ALS »LÜGENPREDIGT«

Spener übte scharfe Kritik an der im Barock üblichen Leichenpredigt, dabei war er nicht der Einzige. Bereits im 16. Jahrhundert hatten sich geistliche und weltliche Herrscher darum bemüht, das anwachsende Volumen der Leichenpredigten durch Verbote und Einschränkungen zu reglementieren. Die Ursache dafür lag im Charakter der Predigten begründet, der nach Meinung der Zeitgenossen ein hohes Missbrauchspotential bot.[162]

Nach der Leichenpredigt Luthers auf den sächsischen Kurfürsten 1525 avancierte die Grabrede in ganz Deutschland schnell zu einem beliebten Brauch. Vor allem in den protestantischen Reichsgebieten fand sie großen Anklang. Dort entwickelte sie sich bei der wohlhabenden Gesellschaftsklasse zu einem festen Bestandteil der Beerdigung.[163] Ihre Beliebtheit wurde dadurch gesteigert, dass die Leichenpredigt im Laufe des 16. Jahrhunderts ihre ursprüngliche Gestalt veränderte. Zu der *Christlichen Predigt* trat nun auch der Lebenslauf des Toten. Die *Personalia* formierten sich zu einem immer wichtiger werdenden autonomen Inhalt der Leichenpredigt. Die ausführliche Beschreibung der Lebensläufe, angefangen bei der Geburt bis hin zum Ableben der Toten, führte dabei zu einer stetigen Zunahme an Volumen.[164]

So betrug der Umfang der Leichenpredigt Ende des 17. Jahrhunderts üblicherweise mindestens hundert, oft aber drei Mal so viele Seiten im Quart- oder Folioformat.[165] Angereichert wurde der Druck dabei häufig durch Kup-

---

162 Vgl. Lenz: De mortuis nil nisi bene, S. 14.
163 Vgl. Lenz: Denkmale von Papier und Stein erbauet, S. 113.
164 Vgl. Düselder: Leichenpredigt. Inhaltliche und soziale Aspekte, Sp. 821.
165 Vgl. Lenz: Leichenpredigt, Sp. 1815f.

ferstiche, Blütenornamente, Beschreibungen des Beerdigungsablaufes oder Kompositionen.[166]

Für den Verfasser bot die Leichenpredigt dadurch die Gelegenheit, sein Wissen zu demonstrieren und sich so für eine Beförderung zu empfehlen.[167] Dies hatte zur Folge, dass die Prediger versuchten ihre Gedankengänge in Gänze wiederzugeben und sie auszuschmücken. Der Inhalt wurde so für die meisten Zuhörer unverständlich und nicht mehr nachvollziehbar. Auch die zu diesem Zweck angeführten lateinischen, griechischen oder hebräischen Textstellen aus der Bibel oder von anderen Schriftstellern sowie außerbiblische Gleichnisse trugen zu einem weiteren Anwachsen des Seitenumfangs bei. Die Äußerlichkeiten wurden immer wichtiger und drängten den christlichen Aspekt in den Hintergrund.[168]

Für die Angehörigen des wohlhabenden Bürgertums und des Adels ermöglichte die Leichenpredigt eine Profilierung des Lebens und der ruhmreichen Taten auch nach dem Tod.[169] Dies war die Ursache für das Entstehen zahlreicher Leichenpredigten, deren biographischer Teil von den Toten schon vor ihrem Ableben verfasst wurde. Eine andere Möglichkeit bestand darin, dass die Hinterbliebenen die Leichenpredigt in Auftrag gaben, um des Verstorbenen zu gedenken. Der voluminöse Umfang der Leichenpredigten mit ihrer prunkvollen Ausstattung bedeutete für die Angehörigen allerdings auch einen erheblichen Kostenaufwand, der zahlreiche Familien in den Ruin führte. Dies macht deutlich, warum Leichenpredigten nur in seltenen Fällen in den unteren Schichten zu finden sind.[170]

Spener bemängelte diese Instrumentalisierung der Leichenpredigt zu einem Objekt der Selbstinszenierung. Für ihn hatten nur die Gerechten, egal ob arm oder reich, ein Anrecht auf eine Leichenpredigt, die den Gläubigen ihre Namen und ihre Taten ins Gedächtnis rief. Er forderte seine Amtskollegen deshalb auf, sich nicht dem Druck der Hinterbliebenen zu beugen und sich durch Bezahlung dazu verleiten zu lassen, den Lebenslauf der Verstorbenen durch Unwahrheiten zu verschönern.[171] In seiner Kritik berief er sich vor allem auf den Rostocker Theologen Müller und nahm dessen Bezeichnung der Leichenpredigt als »Lügenpredigt« auf, die dadurch zustande komme,

---

166 Vgl. Lenz: De mortuis nil nisi bene, S. 12.
167 Vgl. Lenz: Gedruckte Leichenpredigten (1550–1750), S. 40.
168 Vgl. Mohr: Der Tote und das Bild des Todes in den Leichenpredigten, S. 83–89.
169 Vgl. Lenz: Leichenpredigt, Sp. 1815.
170 Vgl. Lenz: Gedruckte Leichenpredigten (1550–1750), S. 40f.
171 Vgl. Spener: Zuschrifft, S. 8f.

dass der Prediger den Verstorbenen in der Grabrede unabhängig von seinem Lebenswandel von allen Sünden freispreche. Die Gläubigen würden dadurch zu einem sündigen Leben verleitet, da sie gewiss sein könnten, dass ihnen in ihrem Nachruf ein tugendhaftes Leben bescheinigt würde. Auch der Theologe Großgebauer, der sich ebenfalls gegen diese bestehende Praxis der Leichenpredigten aussprach, wurde von Spener zitiert.[172]

Neben der Zweckentfremdung der Leichenpredigt durch die Wohlhabenden mit ihren retuschierten ausufernden *Personalia*, übte Spener auch Kritik am Predigtstil des Barock. Er wandte sich dabei gegen die ausführlichen, durch viele oft fremdsprachliche Textstellen ausgeschmückte, Reden, die das Wissensspektrum ihrer Verfasser belegen sollten.[173] Diese Konzentration auf das Äußere der Leichenpredigt musste Spener als Begründer des lutherischen Pietismus, welcher bestrebt war das Innere des Menschen zu erneuern, zwangsläufig missfallen.[174]

Schon in seiner Jugend beschäftigte sich der am Hof der protestantischen Grafen von Rappoltstein erzogene Spener mit Arndts »Vier Bücher vom wahren Christentum«, die sein weiteres Leben entscheidend beeinflussen sollten.[175] Auch während seines Studiums der Theologie und der Geschichte in Straßburg war er bestrebt Arndts Lehren zu folgen und ein enthaltsames tugendhaftes Leben zu führen.[176] Nach Beendigung seines Studiums reiste er 1662 nach Tübingen, wo er erstmals Großgebauers »Wächterstimme« kennen lernte. Sie imponierte Spener ungemein und machte ihm die Notwendigkeit einer Erneuerung der protestantischen Kirche deutlich.[177]

Nachdem er 1666 als Senior des Predigerministeriums nach Frankfurt berufen worden war, versuchte Spener zu dieser Veränderung der Kirche beizutragen, indem er die Bemühungen der lutherischen Orthodoxie unterstützte. Im Laufe der Zeit wurde für ihn aber ersichtlich, dass die Erneuerung der Kirche auf dem von der Orthodoxie eingeschlagenen Weg, durch Gesetze und Erlasse, nicht durchsetzbar war und das von Arndt in seinen Büchern geforderte Christentum so nicht erreicht werden konnte. Stattdessen konzentrierte er sich in der Folgezeit darauf, mit den Gläubigen selbst im »Collegium pietatis« christliche Texte zu lesen und zu besprechen, um sie so

---

172 Vgl. ebd., S. 10.
173 Vgl. Mohr: Der Tote und das Bild des Todes in den Leichenpredigten, S. 83.
174 Vgl. Wallmann: Der Pietismus, S. 21.
175 Vgl. Brecht: Philipp Jakob Spener, sein Programm und dessen Auswirkungen, S. 281.
176 Vgl. Wallmann: Der Pietismus, S. 69.
177 Vgl. Wallmann: Philipp Jakob Spener, S. 660.

zu besseren Christen zu erziehen. Für ihn wurde außerdem deutlich, dass die Prediger ihre Vorbildfunktion wieder aufnehmen mussten, denn nur dann konnte auch die Gemeinde aufgefordert werden sich dem inneren Glauben zuzuwenden.[178] Spener wurde dadurch zum Initiator des lutherischen Pietismus, dem es vor allem um eine Erneuerung des inneren Glaubens ging. Er berief sich dabei immer wieder auf Arndt als den eigentlichen Urheber der Bewegung.[179]

Die nach Speners Ansicht zur Erneuerung der protestantischen Kirche notwendigen Reformen finden sich in seiner 1675 veröffentlichten Schrift »Pia Desideria« wieder. Da diese gleichsam auch die grundlegenden Vorschläge des Pietismus enthielt, entwickelte sie sich zur Reformschrift des lutherischen Pietismus.[180] Nach der Konstatierung eines kirchlichen Verfalls im Protestantismus, der vor allem den Predigern und der Vernachlässigung ihres Amtes zuzuschreiben sei, unterbreitete Spener sechs Vorschläge zur Besserung der Lage. An erster Stelle stand dabei die Verkündigung des Evangeliums. Nur so könne Gott seine Wirkung im Menschen entfalten und ihn von innen erneuern. Auch die darauf folgenden fünf Vorschläge sollten dazu beitragen diesen Zweck zu erfüllen.[181]

Besonders der sechste Punkt, der sich auf die Reform der Predigten bezog, sollte dabei helfen. Die Predigten, die in erster Linie die Aufgabe hätten der Erbauung zu dienen, sollten nach dem Willen Speners »einfältig aber gewaltig«[182] sein, um von den einfachen Zuhörern verstanden werden zu können. Dies galt auch für die Leichenpredigt als eine Sondergattung der gottesdienstlichen Predigt.[183] Obwohl Spener die gängige Form der Leichenpredigt immer wieder kritisierte, war sie für ihn eine gute Methode, um das Andenken der Verstorbenen zu wahren. Die Voraussetzung dabei war allerdings, dass diese »gerechte[n]« sein mussten.[184] Auf diese Art und Weise legitimierte er auch seine zwölf aus Leichenpredigten bestehenden Sammelbände, die er innerhalb von sechsundzwanzig Jahren veröffentlichte. Ein letzter Band erschien 1707 nach seinem Tod.[185]

---

178 Vgl. Wallmann: Der Pietismus, S. 74–78.
179 Vgl. Wallmann: Pietismus-Studien, S. 132f.
180 Vgl. Schicketanz: Der Pietismus von 1675 bis 1800, S. 54.
181 Vgl. Spener: Pia Desideria, S. 15–78.
182 Ebd., S. 79.
183 Vgl. Schneider: Die pietistische Leichenpredigt, S. 44f.
184 Spener: Zuschrifft, S. 11.
185 Vgl. Schneider: Die pietistische Leichenpredigt, S. 40.

Die in den »Pia Desideria« niedergeschriebenen Reformvorschläge zur Erneuerung der lutherischen Kirche finden sich auch in Speners Leichenpredigten wieder, besonders die Neugestaltung der Predigt. So war Spener darum bemüht die Leichenpredigt Stenglins für einfache Zuhörer verständlich zu gestalten, um sie am inneren Wandel, der Erbauung, teilhaben zu lassen.[186] Auch die Verkündigung des Evangeliums, das entscheidend zur inneren Erneuerung beitragen sollte, spielte in der Grabrede Stenglins eine wichtige Rolle.[187]

Speners *Christliche Leichenpredigt* bestand ausschließlich aus dem zugrunde liegenden Bibeltext und dessen Auslegung. Der Verstorbene wurde außer in den *Personalia* nur noch im ersten Eingang erwähnt um einen Bezug zum *Leichtext* herzustellen.[188] Obwohl Spener sein Missfallen an den ausufernden *Personalia* deutlich zum Ausdruck gebracht hatte, die die eigentliche *Christliche Leichenpredigt* in den Hintergrund drängten, nahm das *Ehrengedächtnis* auch in der Grabrede Stenglins ein Drittel des Umfangs ein. Es berichtete dabei ausführlich vom Leben des Verstorbenen, seinen Ämtern, seiner christlichen Einstellung und seinem Tod.[189] Charakterschwächen wurden zwar angedeutet, aber durch das Argument wieder abgeschwächt, dass der Verstorbene sich immer um Vervollkommnung bemüht habe.[190]

Obwohl sich Spener selbst gegen die Tatsache gewandt hatte, dass Leichenpredigten vornehmlich auf Wohlhabende verfasst wurden, waren auch die in seinen Leichenpredigten Betrauerten fast ausschließlich Mitglieder des Adels oder des wohlhabenden Bürgertums. Diese Erscheinung konnte auch die pietistische Bewegung nicht reformieren.[191] Er hatte seine Leichenpredigten »auff begehren [...] zum Truck gegeben«,[192] das heißt er war an ihrer Veröffentlichung interessiert und legte sie den Angehörigen nahe. Wie seine Amtskollegen wurde er folglich für das Abfassen der Leichenpredigt bezahlt, die er für den Verstorbenen gehalten hatte und befand sich deswegen in einer gewissen Verpflichtung seinen Auftraggebern gegenüber.[193] Dies ist auch der Grund für das Fehlen jeglicher schwerwiegender Kritik an der Lebensfüh-

---

186 Vgl. Spener: Die Heilsamste Artzeney In Christi Wunden, S. 4.
187 Vgl. ebd., S. 34.
188 Vgl. ebd., S. 9–11.
189 Vgl. ebd. S. 37–54.
190 Vgl. ebd., S. 49f.
191 Vgl. Schneider: Die pietistische Leichenpredigt, S. 48.
192 Spener: Zwölff Christliche Leichpredigten, S. 1.
193 Vgl. Winkler: Leichenpredigt. Theologische Aspekte, Sp. 824.

rung der Verstorbenen in den *Personalia*. Andernfalls hätten die Hinterbliebenen Spener nicht für seine Arbeit entlohnt.[194]

Spener war stets bemüht sich mit seinen Leichenpredigten wieder der ursprünglichen Intention Luthers anzunähern. In seiner Grabrede spendete er den Hinterbliebenen deswegen immer wieder Trost und Zuspruch und erinnerte sie an ihre eigene Sterblichkeit.[195] Des Weiteren beschrieb er das geordnete und vorbereitete Dahinscheiden Stenglins, der der Trauergemeinde somit als Vorbild im Glauben vorangehen sollte.[196]

Als Senior des lutherischen Predigerministeriums in Frankfurt sowie später in Dresden und Berlin versuchte Spener seinen Einfluss geltend zu machen und die Ziele der pietistischen Bewegung, die auch seine an den Leichenpredigten geübte Kritik beinhalteten, umzusetzen.[197] Dies gelang ihm jedoch nur in Bezug auf den übersteigerten barocken Predigtstil, der in Speners Leichenpredigt durch eine schlichte und nüchterne Form ersetzt wurde, sodass das Augenmerk ausschließlich auf die *Christliche Leichenpredigt* gerichtet werden konnte.[198] Er versuchte dabei nicht sein gesamtes Wissen zur Schau zu stellen, verlor sich aber des Öfteren in religiösen Detailfragen.[199]

Im Hinblick auf die *Personalia* und den Aufbau der Leichenpredigt konnte Spener allerdings keine grundlegenden Änderungen verzeichnen. Trotz aller Kritik Speners an der herkömmlichen Leichenpredigt des Barock blieben seine eigenen Leichenpredigten dem Aufbau der schon bestehenden orthodoxen Grabrede treu.[200] Dies war auch in Bezug auf die Seitenzahl seiner Leichenpredigten der Fall.[201]

Die zunehmend differenzierte Anforderung an die Leichenpredigt von Seiten der Kirche und der Bevölkerung führte im 18. Jahrhundert dazu, dass sie größtenteils in der Bedeutungslosigkeit verschwand.[202] Ihre zunehmende Konzentration auf die äußere Form und die übermäßige Präsentation des Verstorbenen führten zu ihrem Niedergang.[203] Auch Spener hatte dies nicht

---

194 Vgl. Schneider: Die pietistische Leichenpredigt, S. 54.
195 Vgl. Spener: Die Heilsamste Artzeney In Christi Wunden, S. 36.
196 Vgl. ebd., S. 50–54.
197 Vgl. Wallmann: Philipp Jakob Spener, S. 661.
198 Vgl. Schneider: Die pietistische Leichenpredigt, S. 52.
199 Vgl. Spener: Die Heilsamste Artzeney In Christi Wunden, S. 18f.
200 Vgl. Schicketanz: Der Pietismus von 1675 bis 1800, S. 50.
201 Vgl. Winkler, Die Leichenpredigt im deutschen Luthertum bis Spener, S. 231.
202 Vgl. Mohr: Das Ende der Leichenpredigten, S. 295f.
203 Vgl. Lenz: De mortuis nil nisi bene?, S. 13f.

verhindern können. Trotz aller Reformbestrebungen und der Berufung auf Luther blieb er ein »Sohn des Barock«.[204]

204 Winkler: Die Leichenpredigt im deutschen Luthertum bis Spener, S. 222.

LITERATURVERZEICHNIS

Gedruckte Quellen

Grossgebauer, Theophilus: Wächterstimme. Auß dem verwüsteten Zion. In: Drey Geistreiche Schrifften. Rostock: Keylen 1667. http://digital. staatsbibliothek-berlin.de/werkansicht/?PPN=PPN636869539&LO-GID=LOG_0006 [18.06.2015].

Müller, Heinrich: Geistliche Erquickstunden oder Dreyhundert Haus- und Tischandachten. Dritter Theil. Frankfurt a. M.: Wusten 1666. http://digital.slub-dresden.de/werkansicht/dlf/61692/5/0/ [18.06.2015].

Spener, Philipp Jacob: Die Heilsamste Artzeney In Christi Wunden. Bey Volckreicher Leich-Begängnüß Des Weyland WohlEdlen, Gestrengen, Vesten und Hochgelährten Herrn Hn. Zachariä Stenglins. Franfurt am Main: [o.A.] 1674. http://nbn-resolving.de/urn/resolver.pl?urn=urn:nb-n:de:0128-5-2058 [18.06.2015].

–: Pia Desideria oder Hertzliches Verlangen nach gottgefälliger Besserung der wahren Evangelischen Kirchen sampt einigen dahin einfältig abzweckenden Christlichen Vorschlagen (Kleine Texte für Vorlesungen und Übungen 170). Dritte durchgesehene Aufl. Hrsg. v. Kurt Aland. Berlin: de Gruyter 1964.

–: Schriften. Theologische Bedencken und andere Brieffliche Antworten. Bd. 11.2. ND von 1700. Hrsg. v. Erich Beyreuther. Hildesheim [u.a.]: Olms 1999.

–: Zuschrifft. In: Zwölff Christliche Leichpredigten. Zu unterschiedlichen Zeiten gehalten und auff begehren vormahls eintzel, jetzo zusammen zum Truck gegeben. Frankfurt a. M.: Zunner 1677, S. 1–19. http://diglib. hab.de/drucke/th-1743-2s/start.htm [18.06.2015].

–: Zwölff Christliche Leichpredigten. Zu unterschiedlichen Zeiten gehalten und auff begehren vormahls eintzel, jetzo zusammen zum Truck gegeben. Frankfurt a. M.: Zunner 1677. http://diglib.hab.de/drucke/th-1743-2s/start.htm [18.06.2015].

Internetquellen

Forschungsstelle für Personalschriften. Akademie der Wissenschaften und der Literatur Mainz. Website. http://www.personalschriften.de/startseite.html [18.06.2015].

Forschungsliteratur

Bog, Ingomar: Die Generaldiskussion. Grenzen und Möglichkeiten der Forschung an Leichenpredigten im Lichte des Zweiten Marburger Personalschriftensymposiums. In: Leichenpredigten als Quelle historischer Wissenschaften Bd. 2. Hrsg. v. Rudolf Lenz. Köln [u.a.]: Böhlau 1979, S. 421–425.

Brecht, Martin: Philipp Jakob Spener, sein Programm und dessen Auswirkungen. In: Geschichte des Pietismus. Der Pietismus vom siebzehnten bis zum frühen achtzehnten Jahrhundert Bd. 1 (Pietismus und Neuzeit 12). Hrsg. v. Martin Brecht. Göttingen: Vandenhoeck & Ruprecht 1993, S. 279–389.

Bredhorn, Uwe/Dickhaut, Eva-Maria/Lenz, Rudolf: Leichenpredigten-Forschung. Ergebnisse und Perspektiven. In: Leichenpredigten als Quelle historischer Wissenschaften Bd. 4. Hrsg. v. Rudolf Lenz. Köln [u.a.]: Böhlau 2004, S. 525–625.

Breul, Wolfgang: Pietismus. In: Enzyklopädie der Neuzeit Bd. 10. Hrsg. v. Friedrich Jäger. Stuttgart [u.a.]: Metzler 2008, Sp. 12–17.

Düselder, Heike: Leichenpredigt. Inhaltliche und soziale Aspekte. In: Enzyklopädie der Neuzeit Bd. 7. Hrsg. v. Friedrich Jäger. Stuttgart [u.a.]: Metzler 2008, Sp. 821–823.

Krentz, Natalie: Leichenpredigten. In: Das Luther-Lexikon. Hrsg. v. Volker Leppin. Regensburg: Bückle & Böhm 2014, Sp. 381–383.

Lenz, Rudolf: De mortuis nil nisi bene? Leichenpredigten als multidisziplinäre Quelle unter besonderer Berücksichtigung der historischen Familienforschung, der Bildungsgeschichte und der Literaturgeschichte (Marburger Personalschriften-Forschungen 10). Habil. Sigmaringen: Thorbecke 1990.

–: Denkmale von Papier und Stein erbauet. Betrachtungen zu Leichenpredigt und Grabdenkmal in der frühen Neuzeit. In: Deutsche Inschriften. Vorträge und Berichte. Fachtagung für Mittelalterliche und Neuzeitliche Epigraphik Worms 1986 (Abhandlungen der Geistes- und Sozialwissenschaftlichen Klasse 12). Hrsg. v. Harald Zimmermann. Mainz: Verlag der Akademie der Wissenschaften und der Literatur 1987, S. 111–130.

–: Gedruckte Leichenpredigten (1550–1750). In: Leichenpredigten als Quelle historischer Wissenschaften Bd. 1. Hrsg. v. Rudolf Lenz. Köln [u.a.]: Böhlau 1975, S. 36–51.

–: Gedruckte Leichenpredigten – Quellen zur Frankfurter Stadt- und Kulturgeschichte. In: Archiv für Frankfurts Geschichte und Kunst 56. Hrsg. v. Gesellschaft für Frankfurter Geschichte. Frankfurt a. M.: Frankfurter Societäts-Medien 1978, S. 7–28.

–: Leichenpredigt. In: Handwörterbuch zur deutschen Rechtsgeschichte Bd. 2. Hrsg. v. Adalbert Erler. Berlin: Schmidt 1978, Sp. 1814–1818.

Lerner, Franz: Frankfurter Leichenpredigten als Quellen der Stadt- und Kulturgeschichte des 16.–19. Jahrhunderts. In: Leichenpredigten als Quelle historischer Wissenschaften Bd. 1. Hrsg. v. Rudolf Lenz. Köln [u.a.]: Böhlau 1975, S. 234–276.

Mohr, Rudolf: Das Ende der Leichenpredigten. In: Leichenpredigten als Quelle histo-rischer Wissenschaften Bd. 3. Hrsg. v. Rudolf Lenz. Köln [u.a.]: Böhlau 1984, S. 293–330.

–: Der Tote und das Bild des Todes in den Leichenpredigten. In: Leichenpredigten als Quelle historischer Wissenschaften Bd. 1. Hrsg. v. Rudolf Lenz. Köln [u.a.]: Böhlau 1975, S. 82–121.

Pfisterer, Ulrich: Barock. In: Enzyklopädie der Neuzeit Bd. 1. Hrsg. v. Friedrich Jäger. Stuttgart [u.a.]: Metzler 2008, Sp. 976–986.

Schicketanz, Peter: Der Pietismus von 1675 bis 1800 (Kirchengeschichte in Einzeldarstellungen). Leipzig: Evangelische Verlags-Anstalt 2001.

Schneider, Hans: Die pietistische Leichenpredigt. In: Leichenpredigten als Quelle historischer Wissenschaften Bd. 4. Hrsg. v. Rudolf Lenz. Köln [u.a.]: Böhlau 2004, S. 37–64.

Wallmann, Johannes: Der Pietismus. Göttingen: Vandenhoeck & Ruprecht 2005.

–: Pietismus-Studien (Gesammelte Aufsätze von Johannes Wallmann 2). Tübingen: Mohr Siebeck 2008.

–: Philipp Jakob Spener. In: Neue Deutsche Biographie Bd. 24. Hrsg. v. Historischen Kommission bei der Bayerischen Akademie der Wissenschaften. Berlin: Duncker & Humblot 2010, S. 659–661.

Winkler, Eberhard: Die Leichenpredigt im deutschen Luthertum bis Spener (Forschungen zur Geschichte und Lehre des Protestantismus 34). Habil. München: Kaiser 1967.

–: Leichenpredigt. Theologische Aspekte. In: Enzyklopädie der Neuzeit Bd. 7. Hrsg. v. Friedrich Jäger. Stuttgart [u.a.]: Metzler 2008, Sp. 823–825.